ENTENDA O MERCADO DE AÇÕES

LEANDRO HIRT RASSIER

LEANDRO HIRT RASSIER

ENTENDA O MERCADO DE AÇÕES

ALTA BOOKS
E D I T O R A
Rio de Janeiro, 2019

Entenda o Mercado de Ações — Faça da Crise uma Oportunidade
Copyright © 2019 da Starlin Alta Editora e Consultoria Eireli. ISBN: 978-85-508-0349-4

Todos os direitos estão reservados e protegidos por Lei. Nenhuma parte deste livro, sem autorização prévia por escrito da editora, poderá ser reproduzida ou transmitida. A violação dos Direitos Autorais é crime estabelecido na Lei nº 9.610/98 e com punição de acordo com o artigo 184 do Código Penal.

A editora não se responsabiliza pelo conteúdo da obra, formulada exclusivamente pelo(s) autor(es).

Marcas Registradas: Todos os termos mencionados e reconhecidos como Marca Registrada e/ou Comercial são de responsabilidade de seus proprietários. A editora informa não estar associada a nenhum produto e/ou fornecedor apresentado no livro.

Impresso no Brasil.

Obra disponível para venda corporativa e/ou personalizada. Para mais informações, fale com projetos@altabooks.com.br

Copidesque
Cláudia Amorim

Editoração Eletrônica
Estúdio Castellani

Revisão
Edna Cavalcanti | Roberta Borges

Produção Editorial
Elsevier Editora - CNPJ: 42.546.531./0001-24

Erratas e arquivos de apoio: No site da editora relatamos, com a devida correção, qualquer erro encontrado em nossos livros, bem como disponibilizamos arquivos de apoio se aplicáveis à obra em questão. Acesse o site www.altabooks.com.br e procure pelo título do livro desejado para ter acesso às erratas, aos arquivos de apoio e/ou a outros conteúdos aplicáveis à obra.

Suporte Técnico: A obra é comercializada na forma em que está, sem direito a suporte técnico ou orientação pessoal/exclusiva ao leitor.

A editora não se responsabiliza pela manutenção, atualização e idioma dos sites referidos pelos autores nesta obra.

CIP-Brasil. Catalogação-na-fonte
Sindicato Nacional dos Editores de Livros, RJ

R178e	Rassier, Leandro Hirt, 1970- Entenda o mercado de ações : faça da crise uma oportunidade / Leandro Rassier. – Rio de Janeiro: Alta Books, 2019. Inclui bibliografia ISBN 978-85-508-0349-4 1. Ações (Finanças). 2. Mercado de ações. I. Título.
09-0698.	CDD: 332.6322 CDU: 336.76

Rua Viúva Cláudio, 291 — Bairro Industrial do Jacaré
CEP: 20970-031 — Rio de Janeiro - RJ
Tels.: (21) 3278-8069 / 3278-8419
www.altabooks.com.br — altabooks@altabooks.com.br
www.facebook.com/altabooks

Aos meus sempre amados e inesquecíveis avós e padrinhos
Osmar Viana Hirt (*in memoriam*) e Alda Saraiva Hirt (*in memorian*),
pessoas importantíssimas na minha vida e
na minha formação como ser humano.
Ele, exemplo de honestidade e integridade,
ela, sinônimo de garra, coragem e perseverança.

Agradecimentos

Muitas pessoas contribuíram para que eu chegasse até aqui, mas de modo especial gostaria de agradecer:

Aos meus pais Volny e Maria Lúcia pela educação, pelas oportunidades proporcionadas e pela credibilidade e confiança depositada ao longo da minha vida.

À minha amada e cara-metade Clarissa, de onde vem toda minha motivação. Sem sua presença e parceria nada teria sentido. Obrigado pela compreensão, dedicação, apoio e companheirismo.

Aos meus avós, a quem dediquei esta obra, pelo exemplo de vida que deixaram e por serem meus grandes incentivadores. A vocês, onde quer que estejam, manifesto todo o meu carinho, respeito e admiração. Muito obrigado por fazerem parte de minha vida.

E sobretudo a Deus pela graça da vida, pela saúde e por ter colocado muitas pessoas amigas e queridas no meu caminho.

Prefácio

Um dia eu tive um sonho. Tinha apenas 23 anos e muita vontade de construir algo diferente. Ninguém com 23 anos sabe ao certo o que quer. Acho que nem eu sabia.

Mas aprendi que a vida é assim. Um passo de cada vez, um dia depois do outro e depois de uns anos você olha para trás e tudo passa a fazer sentido.

O mercado financeiro sempre foi considerado um lugar para poucos, geralmente ricos e influentes, restrito à elite e inacessível para pessoas comuns. Isso poderia ser verdade nas décadas de 1970 e 1980, mas muita coisa mudou no Brasil nos últimos anos. Começando pelo Plano Real em 1994, que trouxe a tão esperada estabilidade econômica e o fim da hiperinflação, passando pelas privatizações, pelo Proer, pela lei de responsabilidade fiscal, pela queda da taxa de juros e pela diminuição da relação dívida/PIB, pelo acúmulo de US$200 bilhões em reservas e o término da dívida externa, pelo "Investment Grade" e... quem diria... hoje o Brasil empresta dinheiro ao FMI.

Quem foi percebendo as mudanças ao longo do caminho começou a se perguntar quais seriam as consequências disso e quais oportunidades surgiriam. Bom, eu resolvi apostar no crescimento do mercado acionário brasileiro que, combinado à queda das taxas de juros, faria cada vez mais pessoas "comuns" se interessarem por este assunto.

No meu raciocínio, as pessoas começariam a ficar incomodadas com a baixa rentabilidade das suas aplicações em renda fixa e tenderiam a procurar alternativas diferentes, para conseguir manter as rentabilidades anteriores do seu patrimônio.

Acredito que toda crise é uma oportunidade e desta vez não será diferente. A crise do *subprime* está possibilitando que o Brasil possa reduzir sua taxa de juros sem gerar inflação e em 2009 devemos atingir finalmente uma taxa nominal de 1 dígito. Isso vai quebrar muitos paradigmas e revolucionar a vida dos brasileiros no que diz respeito ao perfil de seus investimentos e ao acesso a crédito. Viabilizará também muitos projetos e impulsionará a construção civil, trazendo empregos e crescimento para o país. País que tem o "Pré-sal", maior descoberta de petróleo dos últimos muitos anos. País que tem água em abundância, que tem uma matriz energética de baixo custo e baixa poluição. País que fez o Pró-alcool e o carro flex, enquanto o resto do mundo ainda se pergunta por onde começar. País que tem alta produtividade agrícola e pode se tornar o celeiro do mundo. País que tem uma democracia consolidada e instituições fortes como o Banco Central e a CVM regulando de forma firme o sistema financeiro.

Por tudo isso não consigo ser pessimista com o Brasil e continuo acreditando no meu sonho. Entendo que nesta obra o professor Leandro Hirt Rassier trata com muita propriedade os temas mercado de ações e Bolsa de Valores. Ele mostra como aprender a investir em ações e ter sucesso no mercado financeiro de maneira simples e objetiva. Além disso, deixa claro que a Bolsa de Valores não é um cassino, muito menos um lugar para poucos; pelo contrário, qualquer pessoa com uma pequena quantia pode abrir uma conta em uma corretora, iniciar seus investimentos e obter sucesso.

Espero que este livro possa orientar os iniciantes e esclarecer as dúvidas dos iniciados, mostrando um caminho consistente na direção do conhecimento e da desmistificação do assunto.

GUILHERME BENCHIMOL

Sumário

CAPÍTULO 1	**POR QUE INVESTIR EM AÇÕES**	1
	Faça da crise uma oportunidade	4
CAPÍTULO 2	**MERCADO DE AÇÕES**	7
	O que é uma ação?	8
	Tipos de ações	11
	Ações diferenciadas por classe	11
	Ações diferenciadas por níveis	13
	Governança corporativa	13
	Bovespa mais	17
	Mercado primário e mercado secundário de ações	19
	Mercado primário	19
	Abertura de capital	22
	Etapas do processo de abertura de capital	23
	Vantagens e desvantagens	24
	Mercado secundário	25
	Operação *Block Trade*	26
	Oferta Pública Inicial	27
	Como participar de uma Oferta Pública Inicial	27
	Formas de remuneração dos acionistas	32
	Direitos dos acionistas	36
	Desdobramento e grupamento	37
CAPÍTULO 3	**COMO FUNCIONA O MERCADO DE AÇÕES**	39
	Abertura de conta e corretoras	40
	Transferência de recursos	42

	Bolsa de Valores	42
	A importância da Bolsa na economia	43
	Pregão da Bolsa	46
	Envio de ordem	46
	Como comprar e como vender	48
	Por que tanta volatilidade?	50
	Mercado Integral e Mercado Fracionário	55
	Custódia e liquidação	57
	Custódia das ações	57
	Liquidação das operações	58
	Comissão de Valores Mobiliários – CVM	59
	Custos operacionais e tributação	60
	Controles do investidor	63
	Índices de ações	65
	Ibovespa	65
CAPÍTULO 4	**PERFIL DO INVESTIDOR**	**69**
	Tolerância ao risco	69
	Investidor x especulador	72
CAPÍTULO 5	**COMO ANALISAR O MERCADO DE AÇÕES**	**77**
	Escola fundamentalista	78
	Método de avaliação por múltiplos	83
	Retorno sobre o patrimônio líquido	84
	Dividend Yield	84
	Lucro por ação	85
	Preço/lucro (P/L)	85
	Escola técnica	87
	Suporte e resistência	96
	Indicador de médias móveis	103
CAPÍTULO 6	**PARTICIPANDO DO MERCADO**	**113**
	Mercado à vista	113
	Mercado a termo	115
	Aluguel de ações	120
	Mercado de opções	125
	Fundos de Investimento em ações	131
	Clubes de Investimento	139
CAPÍTULO 7	**ALÍQUOTAS**	**143**
	Compensação de perdas	145
	REFERÊNCIAS	**153**

CAPÍTULO I

Por que investir em ações

O MERCADO DE AÇÕES NO BRASIL AINDA SE ENCONTRA EM pleno crescimento. Apesar de hoje ser bem mais comum falarmos ou ouvirmos falar de investimento em ações e de Bolsa de Valores, o número de pessoas que investe em ações no Brasil ainda é muito pequeno em relação a países desenvolvidos. No final de 2008, o total de pessoas físicas cadastradas na BM&FBovespa ficou em torno de 560 mil, que corresponde a aproximadamente 0,3% da população brasileira. Se compararmos esse percentual com os Estados Unidos, veremos que lá aproximadamente 18% da população investem diretamente. Se acrescentarmos os investidores indiretos, aqueles que investem através de fundos exclusivos ou multimercados. Aproximadamente 60% da população americana investe em ações.

Há espaço para este crescimento porque o Brasil mudou. Até o ano de 1994, convivemos com cenários adversos. Foram várias moedas, como cruzado, cruzeiro, cruzado novo,[1] etc. Vários planos ditos "econômicos" foram implantados, quando na realidade tratavam-se de planos políticos que

---

[1] Ver www.enfoque.com.br. Evolução das moedas brasileiras ao longo dos anos, a partir de 1963.

serviam como "planos tampões" para sustentar temporariamente o governo do momento.

Em dezembro de 1992, Itamar Franco assumiu a presidência do Brasil com um cenário de inflação alta, arrocho dos salários, nenhuma credibilidade perante a economia mundial e o país recém-saído do impeachment do primeiro presidente eleito pelo voto popular depois de anos de ditadura. Naquele momento uma coisa era certa: ou o governo tomava atitudes para segurar as rédeas da economia ou não conseguiria completar os dois anos que ainda restavam de mandato. Após algumas tentativas sem sucesso e aproximadamente meio ano de governo, a solução era encontrar uma equipe econômica que conseguisse criar um plano anti-inflação que resolvesse o problema da dívida externa brasileira. Em meados de 1993 apostou-se, então, que a saída para este mau momento estaria na equipe formada pelo sociólogo, nomeado ministro da Fazenda, Fernando Henrique Cardoso. Um restrito grupo, basicamente sem experiência de poder, composto por Pedro Malan, Edmar Bacha, Gustavo Franco, André Lara Resende e Persio Arida, entre outros, se dispôs a enfrentar a inflação, pôr ordem nas contas nacionais e dar alguma racionalidade à administração pública pela implantação de um plano econômico, o Plano Real, que mudaria a história da economia do Brasil e surpreenderia até mesmo o Fundo Monetário Internacional e o governo dos Estados Unidos.

Diante de um país endividado e com sérios problemas de gastos públicos, as primeiras medidas foram direcionadas ao trabalho persistente em descobrir as passagens secretas do orçamento pelas quais o dinheiro público tomava rumos indesejados. Inicialmente era necessário descobrir o tamanho do rombo das finanças públicas de nosso país – uma missão impossível, para o repórter Guilherme Fiúza, autor do livro *3.000 dias no bunker*. Segundo ele, a economia brasileira "não estava apenas no vermelho. Estava na clandestinidade". Era o tempo dos bancos estaduais e das esplêndidas oportunidades de bandalheiras que estes ofereciam, dos calotes sucessivos dos governadores em cima do governo federal e do uso e abuso das empresas estatais.

A desconfiança no Brasil era tão grande que, no início de 1994, quando o país inteiro tinha os olhos na preparação do Plano Real e na criação da URV (Unidade Real de Valor), a equipe econômica precisou executar uma operação secreta no mercado internacional, escondida do FMI e do governo dos Estados Unidos. Era o momento crucial da renegociação da dívida externa dos países emergentes por meio do Plano Brady, e o Brasil, por iniciativa de Malan e Gustavo Franco, resolveu tentar comprar suas garantias sozinho, sem o financiamento do FMI, para não ter que mudar o plano econômico, que o Fundo Monetário não aprovava. Foi uma operação de alto risco político, em que operadores de Wall Street foram "importados" para negociar em nome do Brasil, de dentro do Banco Central. Washington só soube da manobra quando ela estava praticamente concluída. O mercado acabou se impressionando com o poder de iniciativa da nova equipe brasileira e se iniciou, ali, uma nova percepção a respeito do Brasil no exterior.

Inicialmente, Fernando Henrique ficou contrariado com sua equipe, pois os economistas que reuniu não quiseram lhe dar um pacote contra a inflação. Eles apresentaram um plano muito mais ambicioso, já com a semente da responsabilidade fiscal e enfatizando que ali havia "um projeto para 20 anos de trabalho".

A situação estável da economia hoje em dia é efeito de várias medidas ao longo do tempo, inclusive anteriores e posteriores ao governo FHC, mas, de fato, aquela equipe construiu um trilho de organização econômica e monetária com razoável disciplina das contas públicas que foi determinante para a estabilidade que se seguiu. Toda blindagem internacional e técnica da área econômica foi transferida para o governo Lula, em uma articulação talvez mais coesa do que a dos próprios grupos políticos que a celebraram, fortalecendo o país acima da conveniência política. Ele deu sequência ao plano, promovendo crescimento vigoroso com distribuição de renda e mais empregos, sobretudo pelo controle da inflação e acumulação de reservas em dólares, oriundos da manutenção da política de altas taxas de juros que inibiu o consumo e incentivou a entrada de recursos externos no país.

Neste ritmo e com a manutenção dessas medidas, o Brasil chegou a grau de investimento! O que quer dizer perante o mercado mundial que nosso país é confiável! Nossa economia cresceu de forma consistente. Um número expressivo de empresas para financiar seu crescimento abriu capital através da emissão de ações. Com a queda da taxa de juros, a economia ficou aquecida, possibilitando maior acesso ao crédito e aumentando o poder de consumo das pessoas. Diante deste contexto, as empresas se beneficiaram, pois produziram mais, lucraram mais, geraram mais emprego e renda e, consequentemente valorizaram suas ações, fechando um ciclo econômico chamado ciclo virtuoso.

Esse momento extremamente favorável e em expansão deixou o Brasil mais preparado para enfrentar a crise global. O sistema financeiro brasileiro se mostra menos exposto à crise financeira devido ao baixo grau de alavancagem, à baixa inadimplência, à presença de grandes bancos públicos e às elevadas reservas compulsórias. Além disso, o governo tem se mostrado empenhado em aumentar o crédito, reduzir o custo financeiro, manter os investimentos públicos e programas sociais e, ainda, implantar medidas tributárias.

FAÇA DA CRISE UMA OPORTUNIDADE

Em épocas de crise, os mercados ficam desnorteados; os fundamentos econômicos não são considerados, por isso, os papéis de empresas muito sólidas registram quedas significativas.

A crise internacional de 2007 assumiu feições dramáticas para todo o mundo, mas não teve sua origem no Brasil. O efeito mais visível, a queda nas Bolsas, é que tem grande impacto no noticiário, no bolso e na psicologia das pessoas. E não há muito que fazer! Pois a Bolsa funciona como um termômetro de coisas mais complexas que se passam no mundo financeiro.

Assim, para os investidores conscientes e que têm estratégia definida, momentos de queda nas cotações das ações surgem como oportunidade e não como catástrofe. No mercado de capitais compra-se na baixa e vende-se na alta! Se agirmos por essa lógica com visão de longo prazo é hora de comprar ações de empresas com bons fundamentos. Mas é importante salientar que não se ganha só na alta. É possível ganhar também na queda. Através do aluguel de ações, é possível vender na alta e recomprar na baixa. Trataremos desse assunto no Capítulo 6. No entanto, ninguém garante o fim das turbulências nas Bolsas. É impossível prever uma reversão de tendências e isso abala o emocional das pessoas e as decisões são tomadas na maioria das vezes com base nesse emocional e não no racional.

A decisão de entrar ou sair, na verdade, depende de cada investidor. Depende do valor pago pelo ativo e de sua expectativa quanto ao futuro da economia no Brasil e no mundo.

Independentemente de uma solução imediata para a crise que começou em agosto de 2007, as regras básicas de transações em Bolsa permanecem inalteradas. O pânico é vivenciado mais por inexperientes especuladores que entraram na hora errada do que por investidores e especuladores conscientes, que, mesmo amargando eventuais perdas, têm noção dos princípios que regem os negócios de risco. Portanto, mais do que enfrentar turbulências, os aplicadores necessitam traçar objetivos, reformular conceitos, ter conhecimento, atitude, disciplina e estratégia para atuar sem medo neste mercado que oferece mais riscos do que o mercado de renda fixa, mas que apresenta grandes oportunidades de ganhos, tanto no curto quanto no longo prazo.

CAPÍTULO 2

Mercado de ações

As pessoas, quando ouvem falar em ações, logo associam Bolsa de valores a cassino, a jogo. A renda variável gera medo devido à incerteza quanto aos ganhos, ou seja, ninguém sabe quanto vai ganhar, ou se vai ganhar, ao comprar uma ação. Podemos investir em ações no curto e no longo prazo. Quando se investe no curto prazo, procura-se aproveitar o sobe e desce das cotações, para buscar boas oportunidades de negócio. Quando se investe no longo prazo, o objetivo é outro: comprar uma ação com a expectativa de que a empresa, da qual se é acionista, cresça e, consequentemente, valorize.

Este capítulo faz uma abordagem simples e objetiva a respeito do funcionamento do mercado de ações. Além de conceitos importantes, será possível entender o porquê de as empresas abrirem capital, conhecer os procedimentos necessárias, como funciona uma oferta pública de ações, que tipos de ações são negociadas na Bolsa, quem são os participantes do mercado, o que é governança corporativa e o que é preciso para começar a investir.

O QUE É UMA AÇÃO?

Ações são títulos nominativos, negociáveis, que representam uma fração do capital social de uma empresa. Ao comprar uma ação, o investidor se torna um acionista, sócio da empresa, ou seja, passa a ser um dos donos da empresa. Se essa empresa, ao longo do tempo, crescer e gerar bons resultados, ele terá parte nos lucros; se, porventura, após determinado período, após a valorização, ele resolver se desfazer de suas ações, poderá vender sua parte na sociedade e ganhar um percentual na venda. Caso a empresa não se torne lucrativa, o investidor, além de não ter participação alguma, pois não houve lucro, poderá, da mesma forma, deixar de ser sócio, vendendo suas ações. Nesse caso, provavelmente o valor da venda será menor do que o valor da compra, pois empresa que não lucra, e não cresce, tende a ter seu valor de mercado minorado devido à desvalorização do preço de suas ações. Assim, ao comprar uma ação, o investidor convive com o risco do negócio como qualquer empresário.

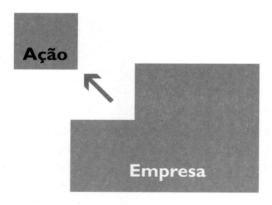

FIGURA 2.1

O acionista que detém mais de 50% do capital votante da empresa é chamado majoritário, ou controlador. O controlador pode ser uma família, uma empresa, outra empresa ou um grupo de acionistas organizados. Já os sócios que detêm uma pequena parte das ações, que é a grande maioria dos investidores, são chamados acionistas minoritários.

Ser sócio de uma empresa[1] listada na Bolsa de Valores traz algumas vantagens como, por exemplo, enquanto a entrada ou saída na sociedade de uma

---

[1] A Mineradora Vale está fracionada em 5,365 bilhões de ações e a Petrobras em 8,774 bilhões de ações, de acordo com www.fundamentus.com.br em 7 de maio de 2009.

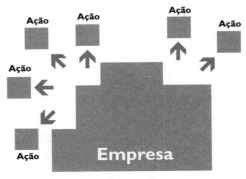

FIGURA 2.2

empresa limitada ou de capital fechado requer um processo burocrático de alterações de contratos sociais, comprar ou vender uma ação de uma empresa listada em Bolsa é um ato feito eletronicamente, com poucos cliques.[2] Quem permite ao investidor a opção de se retirar da sociedade a qualquer momento, possibilitando a migração para outro negócio mais atraente, é a liquidez do mercado acionário, que oferece inúmeras oportunidades de negócios diários na Bolsa.

A Bolsa brasileira ainda é muito pequena se comparada com as Bolsas de países desenvolvidos. Até novembro de 2008, a Bolsa de Valores de São Paulo contava em seus registros 434 empresas de diferentes negócios e diversos setores da economia. Na Bolsa de Nova York há em torno de 5 mil empresas listadas. Para se ter uma ideia, um dos *benchmarks* do mercado de ações americano é o índice S&P 500,[3] que é composto pelas 500 ações mais importantes do mercado americano. No Brasil, nosso principal *benchmark* é o Ibovespa,[4] que em maio de 2009 estava composto pelas 66 empresas mais negociadas na Bolsa de São Paulo. Nota-se, então, que o índice S&P 500 conta com um número maior de ações do que toda a Bolsa brasileira.

Você já pensou em ser sócio de empresas conhecidas, que fazem parte de sua rotina, que contam com sua preferência como consumidor e com uma

---

[2] Ver *home broker*, Capítulo 3.
[3] S&P 500 é um índice composto por 500 ações qualificadas devido a seu tamanho de mercado, sua liquidez e sua representação de grupo industrial. É um índice ponderado de valor de mercado (valor da ação multiplicado pelo número de ações em circulação), com o peso de cada ação no índice proporcional a seu preço de mercado.
[4] Índice da Bolsa de Valores de São Paulo. Ver Capítulo 3.

FIGURA 2.3
Seja sócio de várias empresas

equipe de funcionários altamente qualificada, oriunda de um processo de seleção criterioso e exigente? Pois essa é a ideia de se investir em ações! Tornar-se sócio de grandes empresas sem ter a necessidade de trabalhar na instituição. Além disso, é importante salientar que para se investir em ações não são necessárias grandes quantias. Há ações que são negociadas por centavos e outras que são negociadas na faixa de R$100.

A forma mais segura de conseguir bons retornos ao se investir em ações é comprar papéis de empresas bem geridas, que apresentem lucros sólidos e crescentes, e não ter pressa de vendê-los. O investidor deve buscar critérios de avaliação de empresas para analisar seus fundamentos, e não se preocupar com as oscilações de curto prazo das cotações de suas ações (volatilidade). O risco no investimento em ações é justamente vender seus papéis por preços "injustos" em um momento de volatilidade, o que é normal em um mercado que contém liquidez.

No longo prazo, os bons fundamentos das empresas devem prevalecer e, assim, a valorização será consequência. Uma empresa com histórico de crescimento contínuo terá sempre grande demanda por suas ações, fazendo com que estas sejam negociadas em grandes quantidades e a preços crescentes. Identificá-las é o desafio do investidor.

As ações podem ser classificadas por tipo, classe e nível.

TIPOS DE AÇÕES

AÇÕES ORDINÁRIAS (ON): São aquelas que, além da participação nos resultados, concedem, a seu detentor, o direito de voto nas assembleias da empresa. São representadas pelo número "3" depois das quatro letras do código do ativo. Exemplo: PETR3. Ações Ordinárias da Petrobras.

AÇÕES PREFERENCIAIS (PN): São aquelas que detêm de preferência quanto ao recebimento de dividendos, participam dos resultados da empresa, mas não concedem o direito de voto. Exceto se o estatuto da empresa permitir, o que pode ocorrer em algumas situações. São representadas pelo número "4" depois das quatro letras do código do ativo. Exemplo: PETR4. Ações Preferenciais da Petrobras.

AÇÕES DIFERENCIADAS POR CLASSE

As companhias podem emitir diferentes classes de ações para o tipo PN. As classes geralmente recebem classificação A, B, C ou alguma outra letra. Cada classe corresponde a uma característica diferente, como valores diferenciados de dividendos ou proventos especiais. Também podem indicar restrições quanto à posse das ações, como restrição ao investimento de estrangeiros. As características de cada classe devem ser verificadas no estatuto da companhia.

PREFERENCIAIS CLASSE A: São representadas pelo número "5" depois das quatro letras do código do ativo. Exemplo: VALE5. Código das ações preferenciais classe A da Vale.

PREFERENCIAIS CLASSE B: São representadas pelo número "6" depois das quatro letras do código do ativo. Exemplo: ELET6.[5] Código das ações preferenciais classe B da Eletrobrás.

---

[5] As subdivisões são PNA (ações preferenciais nominativas de classe A), PNB (ações preferenciais nominativas de classe B) e, em geral, seguem dessa forma até PNH (ações preferenciais nominativas de classe H). Se a empresa quiser, por exemplo, pode continuar emitindo outras classes de ações, chegando a uma PNZ. Hoje em dia, as empresas dificilmente criam essas séries de ações.

O Quadro 2.1 mostra alguns exemplos.

QUADRO 2.1

EMPRESA	CÓDIGO	SETOR
Natura ON	NATU3	Cosméticos
Petrobras PN	PETR4	Petróleo
Gerdau PN	GGBR4	Siderúrgico
Vale do Rio Doce PNA	VALE5	Mineração
Eletrobras PNB	ELET6	Elétrico
Sabesp ON	SBSP3	Saneamento
BrasilTelecom PN	BRTO4	Telecomunicações
Localiza ON	RENT3	Aluguel Automóveis
Net PN	NETC4	TV a cabo
Usiminas PNA	USIM5	Siderúrgico
Braskem PNA	BRKM5	Petroquímico

Na Bovespa se negociam também Units, que são lotes de ações compostos por mais de uma classe de valores mobiliários negociados em conjunto. Exemplo: ALLL11. Units da América Latina Logística.

As Units são negociadas no mercado como uma unidade. No caso da ALLL11, tem-se a seguinte composição: para um lote de 100 Units, 20 são ações ON e 80 são ações PN.

Cada empresa que negocia Units apresenta uma composição diferente. Veja alguns exemplos no Quadro 2.2.

QUADRO 2.2

NOME DE PREGÃO	CÓDIGO	COMPOSIÇÃO
ALL AMER LAT	ALLL11	1 ação ON + 4 ações PN
ANHANGUERA	AEDU11	1 ação ON + 6 ações PN
KROTON	KROT11	1 ação ON + 6 ações PN
SANTOS BRP	STBP11	1 ação ON + 4 ações PN
SEB	SEBB11	1 ação ON + 6 ações PN
SUL AMERICA	SULA11	1 ação ON + 2 ações PN
TERNA PART	TRNA11	1 ação ON + 2 ações PN

AÇÕES DIFERENCIADAS POR NÍVEIS

As ações com grande liquidez e procura no mercado de ações por parte dos investidores, em geral de empresas tradicionais, de grande porte/âmbito nacional e excelente reputação, cujos preços elevados refletem esses predicados, são chamadas **ações de primeira linha** ou *blue chips*.[6] As ações um pouco menos líquidas, de empresas de boa qualidade, mas de maior risco em relação às blue chips, em geral de grande e médio portes, tradicionais ou não, são chamadas de **ações de segunda linha**. Estas costumam ser mais sensíveis aos movimentos de mercado de baixa do que aos de alta (isto é, sobem depois das blue chips e caem antes). Por fim, as ações com baixíssima liquidez, em geral de companhias de médio e pequeno portes, porém não necessariamente de menor qualidade e maior risco em relação às de segunda linha, cuja negociação caracteriza-se pela descontinuidade, são classificadas como **ações de terceira linha**.

GOVERNANÇA CORPORATIVA

Segundo o Instituto Brasileiro de Governança Corporativa (IBGC), governança corporativa é o sistema pelo qual as sociedades são dirigidas e monitoradas, com o envolvimento de acionistas e cotistas, conselho de admi-

---

[6] Blue chip é um termo originalmente utilizado no pôquer, em que as blue chips são as fichas mais valiosas. A lista de empresas classificadas como blue chips não é oficial e muda constantemente.

nistração, diretoria, auditoria independente e conselho fiscal. As boas práticas de governança corporativa têm a finalidade de aumentar o valor da sociedade, facilitar seu acesso ao capital e contribuir para sua perenidade.

A governança corporativa pode ser definida como o esforço contínuo em alinhar os objetivos da administração das empresas aos interesses dos acionistas. Isso envolve as práticas e os relacionamentos entre acionistas/cotistas, conselho de administração, diretoria, auditoria independente e até mesmo um conselho fiscal.

A boa governança corporativa permite uma administração ainda melhor e a monitoração da direção executiva da empresa. A empresa que opta pelas boas práticas de governança corporativa adota, como linhas-mestras, transparência, prestação de contas e equidade, e estará estruturada de tal forma que a administração conduza os negócios considerando o interesse de todos os seus acionistas, sem distinção entre o acionista controlador e o acionista investidor. Esse equilíbrio propiciará maior confiança ao investidor de que, caso se torne sócio da companhia, não terá seus interesses prejudicados em benefício do acionista majoritário que, em última instância, é quem detém o poder de influenciar a gestão.

Com a preocupação de incentivar o aumento do volume de negócios, a Bolsa de Valores de São Paulo estabeleceu princípios de governança corporativa a serem seguidos pelas empresas, definindo níveis diferenciados de transparência de informações e cláusulas de respeito ao acionista minoritário. A adesão à iniciativa é voluntária e deve ser assinada entre os administradores das companhias e a Bovespa. A seguir, abordaremos cada um dos níveis:

NOVO MERCADO: A Bovespa criou, em 2001, o Novo Mercado. Trata-se de um segmento de listagem – uma classificação composta por empresas que se comprometem, voluntariamente, a praticar boa governança corporativa e política de *disclosure* (transparência de informações estratégicas e financeiras), para além do que é exigido pela legislação. Com a novidade, a Bolsa busca atrair investidores, exigindo que as companhias tratem os acionistas com mais respeito, resguardando seus direitos e oferecendo maior gama de informações cuja divulgação não é obrigatória por lei. Para ingressar nesse ambiente diferenciado, as empresas precisam cumprir uma série de regras. A principal inovação do Novo Mercado, em relação à legislação, é a exigência de que o capital social da companhia seja composto somente por ações ordinárias; porém, essa não é a única. A companhia aberta participante do Novo Mercado tem, por exemplo, como obrigações adicionais:

- Extensão, para todos os acionistas, das mesmas condições obtidas pelos controladores na ocasião da venda do controle da companhia (*tag along*).[7]
- Realização de uma oferta pública de aquisição de todas as ações em circulação, no mínimo, pelo valor econômico, nas hipóteses de fechamento do capital ou de cancelamento do registro de negociação no Novo Mercado.
- Conselho de Administração com um mínimo de cinco membros e mandato unificado de até dois anos, sendo permitida a reeleição. No mínimo, 20% dos membros deverão ser conselheiros independentes.
- Melhoria nas informações prestadas, adicionando às Informações Trimestrais (ITRs) – documento que é enviado pelas companhias listadas à CVM e à Bovespa, disponível ao público, e que contém demonstrações financeiras trimestrais –, dentre outras, as demonstrações financeiras consolidadas e a demonstração dos fluxos de caixa.
- Melhoria nas informações relativas a cada exercício social, adicionando às Demonstrações Financeiras Padronizadas (DFPs) – documento que é enviado pelas companhias listadas à CVM e à Bovespa, disponível ao público, e que contém demonstrações financeiras anuais – dentre outras, a demonstração dos fluxos de caixa.
- Divulgação de demonstrações financeiras de acordo com padrões internacionais IFRS (International Financial Reporting Standards) ou US GAAP (Generally Accepted Accounting Principles in the United States).
- Melhoria nas informações prestadas, adicionando às Informações Anuais (IANs) – documento que é enviado pelas companhias listadas à CVM e à Bovespa, disponível ao público e que contém informações corporativas –, dentre outras, a quantidade e as características dos valores mobiliários de emissão da companhia detidos pelos grupos de acionistas controladores, membros do Conselho de Administração, diretores e membros do Conselho Fiscal, bem como a evolução dessas posições.

---

[7] No jargão do mercado de capitais, a expressão *tag along* significa dar aos acionistas minoritários, que detêm ações ordinárias de uma empresa, os mesmos direitos ofertados aos acionistas controladores, no caso de venda ou transferência de controle. O *tag along* é previsto na legislação brasileira na Lei das S.A., que obriga que o controlador assegure aos acionistas minoritários o preço mínimo de 80% do valor pago por ação ou lote de ações em caso de venda da empresa.

- Realização de reuniões públicas com analistas e investidores, ao menos uma vez por ano.
- Apresentação de um calendário anual, no qual conste a programação dos eventos corporativos, como assembleias, divulgação de resultados etc.
- Divulgação dos termos dos contratos firmados entre a companhia e partes relacionadas.
- Divulgação, em bases mensais, das negociações de valores mobiliários e derivativos de emissão da companhia por parte dos acionistas controladores.
- Manutenção em circulação de uma parcela mínima de ações, representando 25% do capital social da companhia.
- Na ocasião da realização de distribuições públicas de ações, adoção de mecanismos que favoreçam a dispersão do capital.
- Adesão à Câmara de Arbitragem do Mercado para resolução de conflitos societários.

Além do novo mercado, a Bovespa irá classificar as demais empresas negociadas em dois níveis:

NÍVEL 1: As empresas do Nível 1 comprometem-se a manter em circulação ao menos 25% do capital total e, em caso de emissão de novas ações, usar mecanismos de oferta pública que favoreçam a pulverização do capital. As informações contábeis devem ser divulgadas trimestralmente, de forma consolidada, assim como eventuais acordos de acionistas. Há ainda a necessidade de adoção de um calendário de eventos corporativos.

NÍVEL 2: Para ser classificada no Nível 2 da Bovespa, a empresa deve adotar todas as obrigações previstas no Nível 1 mais um conjunto ampliado de princípios de governança corporativa. Isso é uma espécie de "preparatório" para o novo mercado. A empresa precisa estabelecer mandato de um ano para o conselho de administração publicar o balanço segundo os princípios contábeis geralmente aceitos nos Estados Unidos (US GAAP) e facultar o direito de voto aos acionistas preferencialistas em questões como cisão, incorporação ou fusão, e também em contratos entre empresas do mesmo grupo. Atuar no Nível 2 implica ainda estender os mesmos direitos dos controladores aos minoritários ordinaristas (ou 70% desses direitos para os preferencialistas) em caso de troca de controle da empresa. As empresas que integram o Nível 2 devem assumir, perante o mercado, que, em caso de fechamento de capital, se comprometem a fazer oferta pública de compra de todas as ações em circulação pelo valor econômico.

BOVESPA MAIS

Segmento de listagem que contempla padrões elevados de governança corporativa, similares aos do Novo Mercado. Foi idealizado para tornar o mercado acionário brasileiro acessível a um número maior de empresas, em especial àquelas atrativas aos investimentos de médio e longo prazos, e cuja preocupação com o retorno potencial sobrepõe-se à necessidade de liquidez imediata. Trata-se de um segmento para companhias que ampliem gradativamente as ações disponíveis para o mercado e que pode ser considerado uma etapa no caminho natural para o Novo Mercado.

As empresas candidatas ao Bovespa Mais são aquelas que desejam ingressar no mercado de capitais de forma gradativa, que acreditam na ampliação gradual da base acionária como o caminho mais adequado a sua realidade, destacando-se as de pequeno e médio portes que buscam crescer utilizando o mercado acionário como uma importante fonte de recursos.

No Bovespa Mais, os investidores encontrarão companhias com firme propósito e compromisso de se desenvolver no mercado, o que é refletido na adoção de elevados padrões de governança corporativa, na busca da liquidez de suas ações e na postura proativa para conquista de investidores.

Veja no Quadro 2.3 um resumo das principais diferenças entre os segmentos de governança corporativa.

Uma das maneiras de a empresa se comunicar com os investidores é pelo seu próprio site. Basta que o investidor "clique" no *link* Investidores ou Relação com Investidores[8] e acesse, por exemplo, resultados trimestrais e anuais, apresentações, teleconferências, comunicados, fatos relevantes, composição acionária, política de distribuição de dividendos, estatutos etc. Esta é, sem dúvida, uma das boas práticas de Governança Corporativa e um dos instrumentos de transparência para o acionista.

---

[8] O profissional de Relação com Investidores (RI) exerce a atividade de manter o investidor informado sobre as decisões da empresa como balanços, histórico da cotação das ações e estratégias da companhia. É responsável por passar informações para os analistas de mercado, que produzem relatórios sobre as empresas. Os RIs são importantes porque fornecem informações para os vários agentes do sistema financeiro, que ajudam o investidor na hora de decidir comprar ou vender ações.

QUADRO 2.3
Níveis de Governança Corporativa – Quadro Comparativo

	BOVESPA MAIS	NOVO MERCADO	NÍVEL 2	NÍVEL 1	TRADICIONAL
Percentual Mínimo de Ações em Circulação (free float)	25% de free float até o sétimo ano de listagem ou condições mínimas de liquidez	No mínimo, 25% de free float	No mínimo, 25% de free float	No mínimo, 25% de free float	Não há regra
Características das Ações Emitidas	Somente ações ON podem ser negociadas e emitidas, mas é permitida a existência de PN	Permite somente a existência de ações ON	Permite a existência de ações ON e PN (com direitos adicionais)	Permite a existência de ações ON e PN	Permite a existência de ações ON e PN
Conselho de Administração	Mínimo de três membros (conforme legislação)	Mínimo de cinco membros, dos quais pelo menos 20% devem ser independentes	Mínimo de cinco membros, dos quais pelo menos 20% devem ser independentes	Mínimo de três membros (conforme legislação)	Mínimo de três membros (conforme legislação)
Demonstrações Financeiras Anuais em Padrão Internacional	Facultativas	US GAAP ou IFRS	US GAAP ou IFRS	Facultativas	Facultativas
Concessão de Tag Along	100% para ações ON	100% para ações ON	100% para ações ON / 80% para ações PN	80% para ações ON (conforme legislação)	80% para ações ON (conforme legislação)
Adoção da Câmara de Arbitragem do Mercado	Obrigatória	Obrigatória	Obrigatória	Facultativa	Facultativa

Fonte: Bovespa.

MERCADO PRIMÁRIO E MERCADO SECUNDÁRIO DE AÇÕES

De acordo com a estrutura, o mercado acionário pode ser dividido em duas etapas: mercado primário e mercado secundário. A diferença básica entre eles é que enquanto o mercado primário caracteriza-se pelo encaixe de recursos na empresa, o segundo apresenta mera transação entre compradores e vendedores de ações, não ocorrendo, assim, alteração financeira na empresa. A seguir analisaremos a importância do mercado primário para as empresas, as conseqüências para a economia, as etapas do processo de abertura de capital, e suas vantagens e desvantagens.

MERCADO PRIMÁRIO

A negociação primária opera por meio do lançamento público de ações devidamente registrado na CVM e com a intermediação obrigatória das instituições integrantes do sistema de distribuição de valores mobiliários. É no mercado primário que se dá o lançamento de novas ações. O investidor subscreve as ações, revertendo o produto dessa subscrição para a companhia, esta emite ações ao captar recursos para se financiar. Ocorre, então, a canalização direta dos recursos disponíveis dos investidores para o caixa das empresas. É por intermédio desse mercado que as empresas buscam os recursos necessários para a execução de seus projetos de investimentos visando o crescimento.

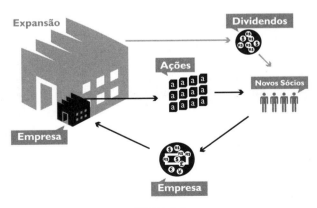

FIGURA 2.4
Mercado primário

No cenário econômico atual, no qual predomina o uso intensivo de tecnologia, a grande competição e a globalização, as empresas não conseguem depender única e exclusivamente dos recursos próprios para financiar sua expansão. Nesse sentido, uma alternativa disponível para as empresas se capitalizarem é a abertura de capital por meio do lançamento de ações novas no mercado de forma ampla e não restrita à subscrição pelos atuais acionistas, as chamadas ofertas públicas primárias de ações, que significam lançamento ou emissão de papéis para captação de recursos de acionistas.

Ao abrir capital, uma empresa encontra uma fonte de recursos financeiros permanentes. Em vez de solicitar um empréstimo a uma instituição financeira, acarretando pagamento de juros por prazo determinado, empresas com bons projetos, mas sem capital próprio, lançam uma percentagem de seu capital social em ações no mercado e vão à Bolsa em busca de sócios que financiem seus projetos.

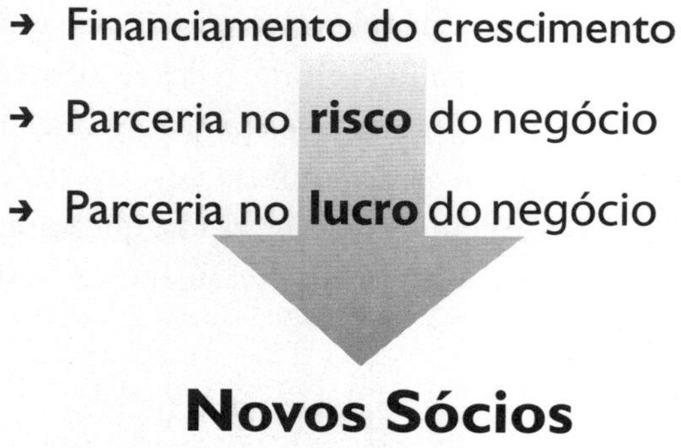

→ Financiamento do crescimento

→ Parceria no **risco** do negócio

→ Parceria no **lucro** do negócio

Novos Sócios

FIGURA 2.5
Por que as empresas abrem seu capital?

Com os recursos oriundos da compra dessas ações, a empresa tem a possibilidade de reestruturar suas dívidas, investir em modernização, pesquisa e profissionalização, melhorando seu processo produtivo, tornando-se mais eficiente e lucrativa. Assim, a companhia tende a ganhar porque tem a chance de aumentar seu faturamento, de conquistar novos mercados e, consequentemente, expandir e crescer. Já os investidores também se beneficiam porque lucram

FIGURA 2.6
Como o acionista ganha?

com esse ganho, visto que este é devolvido através dos dividendos[9] distribuídos e pela valorização das ações.

Um mercado de capitais forte é sustentado pelo ciclo virtuoso, no qual os investidores compram ações financiando os projetos das empresas. As empresas, através desta captação de recursos, se expandem, crescem, produzem e contribuem para a produção de bens de consumo. Aumentando o consumo, há necessidade de aumento de mão de obra, há geração de emprego e renda para a população e receita para o país através da arrecadação de impostos.

Com o aumento da renda, há aumento do potencial de investimento e de poupança. Se isso ocorrer, a economia cresce, pois, se os recursos forem aplicados na caderneta de poupança, haverá contribuição para o financiamento do setor imobiliário; se o investimento for em títulos públicos, o governo arrecada recursos para saldar suas dívidas e investir em infraestrutura. Se o investimento for em ações via oferta pública, o financiamento das empresas continua, e se for via mercado secundário, aumenta a liquidez e as oportunidades, dando continuidade ao crescimento do mercado de capitais.

Por outro lado, o acréscimo de renda também possibilita maior poder de consumo que gera como efeito aumento da produção, logo, maior geração de emprego e renda e maior potencial de lucro, fechando-se, assim, o ciclo virtuoso do capitalismo que de uma maneira ou de outra beneficia o investidor, pois haverá distribuição de lucros através de dividendos e no longo prazo valorização do preço das ações.

---

[9] No decorrer deste capítulo será apresentado de forma mais detalhada.

FIGURA 2.7
Ciclo virtuoso

ABERTURA DE CAPITAL

A legislação define como companhia aberta aquela que pode ter seus valores mobiliários, como ações, debêntures e notas promissórias, negociados de forma pública na Bolsa de Valores. Em outras palavras, somente empresas que abriram o capital podem ter seus valores mobiliários negociados publicamente.

O primeiro procedimento formal para a empresa abrir o capital é entrar com um pedido de registro da companhia na Comissão de Valores Mobiliários (CVM),[10] que é o órgão regulador e fiscalizador do mercado de capitais brasileiro. Simultaneamente, a empresa também pode solicitar a listagem na Bovespa, pois somente aquelas que obtêm esse registro podem ter suas ações negociadas na Bolsa. Empresas como Petrobras, Vale, Gerdau, Usiminas, Localiza, Natura e Banco do Brasil, por exemplo, precisaram abrir capital para terem suas ações negociadas na Bolsa de Valores de São Paulo, a Bovespa.[11]

---

[10] Ver Capítulo 3.
[11] Há companhias listadas na Bovespa desde 1910. Mais detalhes no Capítulo 3.

ETAPAS DO PROCESSO DE ABERTURA DE CAPITAL

A abertura de capital exige o cumprimento de uma série de etapas cuja legislação básica consta nas Leis n°s 6.404/76 (Lei das S.A.), 6.385/76 (Lei da CVM) e 9.457/97 (que altera as anteriores) e nas Instruções CVM n°s 13/80, 88/88 e 202/93.

Após a análise prévia dos sócios de que é conveniente a abertura de capital e que tal fato trará benefícios, a empresa começa a ser preparada e deve passar por uma série de etapas:[12]

- Padronização da contabilidade.
- Adaptação dos estatutos e outros procedimentos legais.
- Contratação de empresa de auditoria independente registrada na CVM.
- Constituição do Conselho de Administração.
- Escolha do Diretor de Relações com Investidores (DRI).
- Escolha de intermediário financeiro.
- Estudos técnicos para a definição de preço e volume da operação.
- Elaboração do prospecto, onde constam todas as informações sobre a empresa e a oferta pública.
- Contratos de coordenação e distribuição.
- Assembleia Geral Extraordinária deliberativa da operação e do período de preferência.
- Processo de obtenção de registros na CVM.
- Processo de registro da empresa na Bolsa de Valores.
- Formação de *pool*[13] de distribuição.
- Adoção de uma política de divulgação de informações e procedimentos legais.

Não há ordem predefinida nem obrigatoriedade em cumprir integralmente todas as etapas descritas; além disso, é possível que algumas delas sejam realizadas simultaneamente.

---

[12] Com o objetivo de melhorar as práticas de informações ao mercado e das informações presentes nos prospectos das ofertas, a ANBID instituiu, em 1998, o Código de Autorregulação para Ofertas Públicas da ANBID, que entrou em vigor em janeiro de 1999.
[13] Para a colocação de ações no mercado, a empresa contrata os serviços de instituições especializadas, como bancos de investimento, sociedades corretoras e sociedades distribuidoras.

VANTAGENS E DESVANTAGENS

Há vantagens para as empresas que se preparam adequadamente e conseguem driblar as dificuldades que vêm embutidas no processo de abertura de capital. A mais importante delas é a admissão de novos sócios e o aumento do capital próprio por meio da emissão de ações. Esses recursos servem, conforme comentado anteriormente, para financiar projetos de investimentos a um custo menor do que o obtido nos bancos. No entanto, uma companhia que abre o capital na Bolsa precisa estar consciente de que, após a abertura, a empresa muda, e para sempre!

A primeira grande transformação é a multiplicação de donos. Uma empresa fechada responde basicamente às vontades de seu fundador ou de seus herdeiros. Quando os donos têm talento, esse jeito de administrar traz vantagens inegáveis: a companhia toma decisões rapidamente e sai na frente da concorrência, sem prestar contas. Em uma empresa aberta, os controladores passam a prestar contas a inúmeros investidores, e a responder aos humores do mercado, aos desejos de fundos de investimento e às dúvidas de analistas. Outra mudança diz respeito à transparência e à troca de informações, pois os investidores, ou seja, os novos sócios nessa nova relação com o mercado, exigem transparência para analisar a estratégia e os números da companhia. As

QUADRO 2.4
Vantagens e Desvantagens da Abertura de Capital

VANTAGENS	DESVANTAGENS
Funciona como uma opção de financiamento da companhia, mais barata que empréstimos.	Os custos para manter uma empresa aberta podem ultrapassar US$1 milhão por ano.
Torna públicos os resultados da empresa, o que leva seus executivos a ficarem constantemente atentos a seu desempenho.	Os concorrentes têm acesso a muito mais informações sobre a companhia, o que pode acirrar a competição.
A troca de informações com o mercado ajuda os executivos a refletirem sobre as decisões estratégicas tomadas na companhia.	A pressão dos investidores por resultados trimestrais pode atrapalhar os planos de longo prazo.
Reestruturação societária e Gestão profissional.	Influência de novos acionistas em decisões estratégicas.

Fonte: Adaptado revista EXAME, 23/03/06 e CVM.

empresas fechadas temem que essa transparência signifique entregar informações valiosas aos concorrentes; as empresas abertas, por sua vez, veem esse fato como positivo, pois obriga a companhia a ser mais cautelosa e a trocar informações com pessoas que podem ajudar a definir seus movimentos. Além disso, uma sociedade anônima de capital aberto está sujeita a outros efeitos colaterais potencialmente perturbadores, como sua capacidade de lidar com analistas de mercado, de oferecer projeções confiáveis e de responder rapidamente a crises. Falhas nesses três quesitos podem trazer consequências drásticas à cotação da ação, pois o investidor não quer promessas espetaculares, mas, sim, indicativos confiáveis. Se isso não ocorrer, a reputação da empresa pode ficar "arranhada" e será mais difícil convencê-lo do contrário.

MERCADO SECUNDÁRIO

Diferentemente do mercado primário, no mercado secundário não há o lançamento de novas ações, mas a renegociação de ações já existentes. Os recursos provenientes das negociações realizadas no mercado secundário não são transferidos para o financiamento das empresas, mas para os agentes vendedores. Os negócios, na maioria das vezes, são movidos por notícias, boatos e expectativas vividas pelos investidores no dia a dia do mercado. Investidores com expectativas positivas, como divulgação de balanços favoráveis, crescimento do Produto Interno Bruto, redução da taxa de juros e aquecimento da economia, se entusiasmam, acreditam na valorização e vão às compras. Se o cenário é

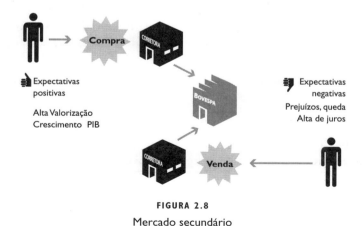

FIGURA 2.8
Mercado secundário

contrário, os investidores alimentam expectativas negativas, como resultados desfavoráveis das empresas, desaquecimento da economia e aumento da taxa de juros, a tendência então é vender ações.

Estes movimentos dão liquidez e volatilidade ao mercado de ações, proporcionando ótimas oportunidades no curto prazo. Cabe, portanto, ao investidor, estar bem informado, e ter estratégia, disciplina e paciência para obter sucesso.

A existência do mercado secundário é fundamental para o mercado primário, afinal a demanda pelas ações recém-emitidas das empresas seria menor se não houvesse a opção de vendê-las no futuro em um mercado organizado.

Então, para evidenciar as diferenças entre o mercado primário e o mercado secundário, podemos sintetizar: no mercado primário, quem vende as ações é a companhia, captando recursos para se financiar e no mercado secundário, o vendedor é o investidor que se desfaz das ações para reaver seu dinheiro, dando, assim, liquidez aos negócios.

OPERAÇÃO *BLOCK TRADE*

A empresa pode, também, lançar ações junto ao público por meio de uma operação *block trade*, ou oferta pública secundária. Essa operação consiste em colocar no mercado um lote de ações, geralmente de certa magnitude, pertencente a um acionista ou a um grupo de acionistas. Nesse caso, os recursos dos investidores não são canalizados para o caixa da empresa e, sim, para o caixa dos acionistas. É uma operação do mercado secundário.

Esse tipo de operação pode fazer parte de uma estratégia maior de abertura de capital de uma empresa, como exemplificam Cavalcante, Misumi e Rudge no livro *Mercado de Capitais: O que é, como funciona* (Campus/Elsevier, 2005). Segundo eles, por exemplo, empresa que calcula em dois anos necessitar fazer grandes investimentos em expansão, aumentando seu capital por meio do lançamento de oferta primária, pode estrategicamente resolver fazer de imediato a abertura de capital por meio de *block trade*. Tal feito pode trazer visibilidade perante o mercado, vislumbrando melhor preço na emissão futura, via oferta pública primária.

MERCADO DE AÇÕES

OFERTA PRIMÁRIA

Emissão de **AÇÕES NOVAS** no mercado primário

Empresa emissora recebe os recursos do lançamento de ações e investe em novos projetos

OFERTA SECUNDÁRIA

Distribuição de **AÇÕES ANTIGAS** no mercado secundário

Acionistas atuais recebem os recursos por meio da alienação das ações emitidas

FIGURA 2.9

OFERTA PÚBLICA INICIAL

Quando uma empresa registra suas ações pela primeira vez para negociação na Bolsa de Valores, realiza um evento denominado Oferta Pública Inicial (IPO – Initial Public Offering).

A IPO de ações pode ser por emissão de novas ações, emissão primária ou por venda de ações já existentes, oferta secundária. Dura entre dois e três meses e envolve várias etapas, disponíveis nos sites das corretoras através de um prospecto. O Quadro 2.5 auxilia o investidor interessado em participar do processo, mostrando os procedimentos etapa por etapa.

COMO PARTICIPAR DE UMA OFERTA PÚBLICA INICIAL

O investidor interessado em participar da oferta deve conferir as finanças da companhia, sua posição no mercado, fatores de risco que envolvem o setor e a finalidade da operação. Essas informações se encontram no prospecto da IPO. Ler o documento é fundamental para avaliar o preço e a conveniência da aquisição dos papéis.

Para participar de uma IPO, o investidor pessoa física precisa, primeiramente, cadastrar-se junto a uma corretora autorizada pela Bolsa de Valores de

QUADRO 2.5
Etapas de uma Oferta Pública Inicial e Procedimentos do Investidor

ETAPA	EMPRESA	INVESTIDOR
Etapa 1	Quando uma empresa fechada decide lançar ações na Bolsa, precisa registrar a oferta na CVM e na Bovespa e divulgar a operação.	Ao saber da futura IPO, o investidor interessado precisa se cadastrar em uma corretora autorizada pela Bovespa.
Etapa 2	A empresa começa a se abrir para o mercado após publicar o aviso da operação. Ela faz isso em um prospecto, que exibe suas contas e perspectivas. Uma instituição financeira contratada inicia o *bookbuilding* – pesquisa para definir o preço da ação.	O investidor deve observar o período de reserva, durante o qual registra seu pedido de compra por telefone ou pela internet.
Etapa 3	Termina o *bookbuilding*, com definição do preço das ações.	Durante o período de reserva, o investidor não tem como pedir um número mínimo de ações. Ele deve fazer seu pedido em reais. O preço dos papéis será fixado apenas na véspera da IPO.
Etapa 4	Início da negociação dos papéis na Bovespa. A empresa se torna uma sociedade anônima; uma companhia de capital aberto.	Os investidores compram as ações. Depois de as reservas terem sido registradas na Bovespa, não pode haver desistência, salvo em condições especiais estipuladas pela CVM.
Etapa 5	Ocorre a liquidação da oferta. Fechado o processo, a Bolsa faz um balanço. Se a demanda superar a oferta, é feito um rateio das ações entre os investidores interessados.	Se ainda considerarem os papéis um bom negócio, os investidores que perderam a IPO podem fazer suas compras a qualquer momento.
Etapa 6	A companhia pode lançar um lote suplementar de ações, caso haja demanda. Faça o que fizer, terá de seguir as normas da CVM, já que é agora uma companhia aberta.	O investidor que conseguiu os papéis deve acompanhar a situação da empresa, para vendê-los quando considerar adequado, ou seguir embolsando os dividendos.

Fonte: Adaptado de *Estadão Investimentos* – Ano 5 – n. 12.

São Paulo (Bovespa). É a corretora que irá intermediar o negócio na Bolsa. Hoje em dia esse cadastro pode ser realizado no próprio site da corretora; basta preencher um formulário com dados pessoais e algumas informações que ajudarão a definir seu perfil junto à corretora. Esse cadastro é gratuito.

Se a corretora escolhida é vinculada ao banco do qual o investidor é correntista, não há necessidade de envio de documento algum; basta preencher a ficha e aguardar a confirmação por e-mail e via correio, por parte da corretora. Se o cadastro for efetivado em uma corretora independente, o investidor deverá, além de preencher o cadastro, assinar e anexar uma cópia do documento de identidade e CPF.

Devidamente registrado, durante o período de reserva, o investidor poderá entrar em contato com a corretora – por telefone, pessoalmente ou via internet – e solicitar a compra das ações. O preço dos papéis, no entanto, será fixado somente às vésperas da IPO, após o encerramento do período de reserva; por isso os pedidos devem ser feitos em reais, e não pela quantidade de ações. Por exemplo, o investidor poderá solicitar à corretora que compre R$5 mil em ações, por exemplo.

Encerrado o período de reserva e confirmada a participação, o investidor não poderá mais desistir do negócio. Por isso, é importante ter certeza de que deseja participar da oferta pública antes de solicitar a compra dos papéis.

No processo denominado *bookbuilding*, é definido o preço inicial das ações, a partir de uma consulta aos investidores institucionais.[14] Também é verificada a demanda pelas ações e, caso seja superior à oferta, poderão ser feitas limitações aos pedidos de compra, ou seja, o investidor de varejo que tenha solicitado a compra de R$5 mil em ações, por exemplo, poderá levar apenas R$3 mil. O custo da operação para o investidor restringe-se ao valor das ações, uma vez que a comissão de corretagem é paga pela empresa, e não pelo investidor, portanto esse será o valor a ser depositado na conta cadastrada.

Ao negociar ações já transacionadas na Bolsa, se compra e se vende papéis de empresas conhecidas, das quais se tem acesso às notícias, aos resultados já

---

[14] Participantes dos mercados financeiros e de capitais que atuam na gestão de recursos de terceiros e merecem atenção especial da autoridade monetária quando se trata de manter a liquidez dos mercados financeiros. Exemplos: Fundos de pensão, entidades de previdência privada, fundos de investimentos, seguradoras etc.

publicados e à série histórica das cotações da ação. Ao se comprar uma ação por meio de uma IPO, não há acesso a essas informações. Assim, por determinação da Comissão de Valores Imobiliários, as corretoras não podem recomendar ou desaconselhar o investimento. Como não existe histórico prévio da companhia, as informações que poderão servir de base para análise serão as que constam no prospecto da oferta pública, aumentando o risco da operação.

O investidor pode optar por duas estratégias diferentes ao participar de uma oferta pública inicial. A primeira é com a visão de longo prazo. Nesse caso, ele compra a ação com a expectativa de que esta se valorize conforme o crescimento da empresa. Se isso se confirmar, estará comprando a ação por um preço "baixo", e vendendo-a depois de determinado período por um preço maior que o da compra.

A segunda é investir por meio da estratégia de curto prazo, aproveitando a "euforia da abertura", ou seja, acreditar que inicialmente haverá uma procura em demasia por ações da empresa em questão e, consecutivamente, valorização acentuada no momento da abertura do mercado. Nesse caso, faz-se uma operação denominada no mercado de "flipagem", que se caracteriza por vender a ação no início do pregão e pelo preço de abertura.[15]

QUADRO 2.6
Como Participar de uma IPO?

1º. Cadastro em uma Corretora
2º. Transferência de Recursos
3º. Definir a Estratégia – Especulação – *Flipagem* – Investimento – Longo Prazo

Como não há nada que garanta a valorização das ações, a operação de IPO requer, por parte do investidor, atenção e análise criteriosa da empresa e do setor no qual ela atua. O Quadro 2.7, de forma resumida, mostra o que deve ser levado em consideração ao avaliar uma operação de Oferta Pública Inicial.

---

[15] No Capítulo 3, seção "Como comprar e como vender", entenderemos melhor a formação de preço da ação e conceitos como preço de abertura e preço de fechamento.

MERCADO DE AÇÕES

QUADRO 2.7
O que Avaliar em IPOs

Identificar o setor da empresa e suas características	– O que e para quem vende. – Como se compõem os custos. – Pontos fortes e fracos. – Riscos e perspectivas de consolidação (fusões e aquisições).
Conferir a proporção da oferta	– Se oferta primária, os recursos vão para o caixa da empresa. Se secundária, irão para os acionistas vendedores. – Quanto maior a parte primária, mais fôlego de investimento terá a empresa.
Verificar em que nível de governança corporativa a empresa será listada	– Quanto maior, melhor. – Quem são os atuais sócios e administradores e qual é seu histórico de transparência e relacionamento com o mercado?
Comparar os "números" da empresa	Análise da evolução das receitas, custos, ativos e passivos.
Ver se é um setor estreante ou pouco representado na Bovespa	Ou, ao contrário, se há muitas empresas listadas do mesmo setor. Quanto mais empresas, provavelmente menor será a demanda.

Muitas pessoas, após entenderem a diferença entre emissão primária e emissão secundária, questionam: Afinal, se a empresa se capitaliza somente por meio da emissão primária, qual é o benefício para ela daí para a frente se, por meio do mercado secundário, as ações são negociadas na Bolsa de Valores, entre os investidores?

Realmente, no mercado secundário a variação nos preços não afeta diretamente a companhia. Quem se beneficia com a valorização das ações são os investidores que compram na baixa e vendem na alta. Entretanto, é muito importante que as ações da companhia sejam bem valorizadas no mercado porque, se a ação estiver valorizada, o patrimônio dos acionistas, majoritários e minoritários, estará valorizado, esta é a função primordial da administração. Outro aspecto é que, quando a companhia precisar fazer novas emissões primárias, a referência de preço para a emissão é a cotação da ação no mercado. Se a ação estiver valorizada, implicará uma emissão menor de ações para atingir determinado montante financeiro, evitando com isso diluição dos dividendos futuros. E ainda, quanto mais valorizada estiver a ação, maior o valor de mercado da empresa e melhor sua imagem institucional. Fatos importantes que contribuem para que a companhia seja vista com "bons olhos" na relação com seus fornecedores, clientes, funcionários, concorrentes, governo e bancos.

FORMAS DE REMUNERAÇÃO DOS ACIONISTAS

O investidor que detém ações de uma empresa tem três tipos distintos de remuneração: a renda oriunda dos dividendos, decorrente da distribuição do lucro gerado pela empresa, a renda proveniente dos juros sobre capital próprio e o ganho (ou perda) de capital decorrente da venda da ação no mercado.

Dividendos

Quando obtém lucro, em geral a empresa faz seu rateio destinando parte do montante para reinvestimentos, outra parte para reservas e uma terceira parte distribuída aos acionistas.

→ Uma parte do lucro é incorporada ao patrimônio da empresa
→ O restante é distribuído em forma de dividendos

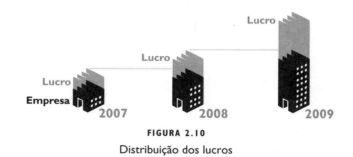

FIGURA 2.10
Distribuição dos lucros

Como vimos, ao adquirir uma ação o investidor passa a ser sócio da empresa, adquirindo um título que lhe concede o direito de posse sobre uma pequena parte da companhia. Logo, terá direito também de participar e se beneficiar de seus resultados através do recebimento de dividendos, que é a parcela do lucro apurado pela empresa e distribuído aos acionistas por ocasião do encerramento do exercício social – o balanço. Pela Lei das Sociedades Anônimas (S.A.), deverá ser distribuído, em dinheiro, um dividendo de, no mínimo, 25% do lucro líquido apurado.

MERCADO DE AÇÕES

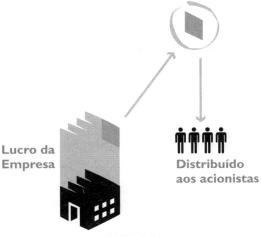

FIGURA 2.11

Os dividendos podem ser distribuídos mensalmente, trimestralmente, semestralmente, anualmente etc., desde que o período determinado conste no estatuto da empresa.

A Assembleia Geral Ordinária (AGO) é que determina a parcela a ser distribuída como dividendo, de acordo com os interesses da empresa, pela manifestação de seus acionistas. O montante a ser distribuído deverá ser dividido pelo número de ações emitidas pela empresa, de forma a garantir a proporcionalidade da distribuição.

Veja a seguir um exemplo para que se possa entender, de forma simples e resumida, como é calculado.

Exemplo

Empresa	**ABCD3**
Lucro Líquido (ano)	**R$10 milhões**
Pay out (25%aa)[16]	**R$2,5 milhões**
Número de ações no mercado	2,5 milhões
Dividendo por ação (no ano)	**R$1,00**
Valor de compra da ação	**R$20,00**
Dividend Yield[17]	5%

---

[16] Indica o percentual do lucro que será distribuído sob forma de dividendos.
[17] Indica quanto do lucro líquido voltou para o acionista sob a forma de dividendos.

A quantia paga é creditada diretamente na conta do investidor, sem a incidência de imposto de renda.

Uma política interessante utilizada por alguns investidores é a do reinvestimento dos dividendos na compra de mais ações. Dessa forma, o investidor aumenta a quantidade de ações na carteira e passa a ter direito a receber mais dividendos na próxima distribuição. É uma boa estratégia para quem é investidor de longo prazo, pois é uma das maneiras de se construir poupança em ações. Se a empresa apresenta bons fundamentos, consequentemente, além do aumento da quantidade de ações, haverá valorização das mesmas.

Algumas companhias têm lucros interessantes e/ou têm a política de distribuir mais do que o mínimo exigido como forma de atrair investidores. Os analistas e investidores ficam de olho e podem montar carteiras de empresas que sejam boas pagadoras de dividendos.

Juros sobre o capital próprio

Juros sobre o capital próprio é uma forma de remuneração alternativa que a empresa pode atribuir ao acionista. A decisão compete à Assembleia Geral, ao Conselho de Administração ou, ainda, à Diretoria da companhia. A principal diferença para a empresa é que, ao contrário dos dividendos, os juros sobre o capital próprio são dedutíveis da base de cálculo do Imposto de Renda (IR) e da Contribuição Social Sobre o Lucro Líquido (CSLL). São classificados como se fossem despesa e reduzem o valor do IR e da CSLL a pagar pela empresa emissora. O acionista, através desta forma de remuneração, sofre tributação de 15% na fonte sobre o valor distribuído.

No Quadro 2.8 observa-se a diferença entre pagar/receber juros sobre o capital próprio e de pagar/receber dividendos, do ponto de vista da empresa e do acionista. Note que os juros sobre capital são descontados do lucro operacional reduzindo o lucro líquido da empresa e consequentemente o valor de incidência do imposto de renda. Os acionistas ao receberem o valor referente a juros sobre capital próprio pagam 15% de imposto de renda retido na fonte e a empresa paga menos imposto.

Quando a empresa remunera o acionista através de dividendos, o mesmo é distribuído após a restituição do imposto de renda pago pela empresa. A empresa paga mais e o acionista está isento.

Geralmente as empresas distribuem seus lucros das duas formas para conciliar os interesses da empresa e dos acionistas.

QUADRO 2.8
Comparação de Tributação entre Juros sobre o Capital Próprio e Dividendos

DESCRIÇÃO	JUROS SOBRE O CAPITAL PRÓPRIO	DIVIDENDOS
Vendas	100	100
(-) Custo de Produtos Vendidos	30	30
= Lucro Operacional	70	70
(-) Despesas	20	20
(-) Juros sobre o Capital Próprio	30	0
= Lucro Líquido	20	50
(-) Imposto de Renda (30%)	6	15
= Lucro Líquido Final	14	35
Dividendos	0	30
= Lucro Líquido Final Pós-dividendos	**14**	**5**
IRRF do Acionista (15% x 30)	4,5	0
Recebimento Líquido pelo Acionista	**25,5**	**30**

Fonte: Adaptado de BankRisk.

Ganho na venda

A terceira forma de remuneração do acionista é efetivada através da venda da ação. O ganho de capital é dado pela diferença entre o preço de venda e o preço de compra da ação.

Cálculo do retorno

O cálculo do retorno percentual de um investimento realizado em ações deve levar em consideração a valorização do ativo e a remuneração atribuída pelo investidor durante o período em que esteve com o papel.

A fórmula a seguir serve para apurarmos o retorno exato do investimento, desde a compra até a venda da ação, levando em conta os juros sobre o capital próprio e os dividendos recebidos.

$$\text{Retorno do investimento} = \left[\left(\frac{\text{Preço de venda da ação} + \text{Dividendos e juros recebidos}}{\text{Preço de compra da ação}}\right) - 1\right] \times 100$$

Digamos que um investidor tenha comprado uma ação da mineradora Vale em 2 de fevereiro de 2003, pelo valor de R$6,22, e resolveu vendê-la, em 28 de outubro de 2008, pelo preço de R$22,00. Durante o período em que permaneceu com a ação, esse investidor recebeu de juros sobre o capital próprio e de dividendos a quantia acumulada de R$14,23. Sem levarmos em consideração a inflação ou outra possível remuneração dessa quantia, empregando-se a fórmula anterior para o cálculo, percebe-se que esse investidor obteve um retorno de 483,4% no período.

$$\text{Retorno} = \left[\left(\frac{R\$22,00 + R\$14,29}{R\$6,22}\right) - 1\right] \times 100 = 483,4\%$$

Se levarmos em consideração apenas o valor da compra e o valor da venda, desprezando a remuneração dos juros sobre o capital próprio e dos dividendos, o valor do retorno será de 253,7%.

$$\text{Retorno} = \left[\left(\frac{R\$22,00}{R\$6,22}\right) - 1\right] \times 100 = 253,7\%$$

A diferença é considerável quando se insere no cálculo a remuneração recebida ao longo do tempo. Como foi comentado anteriormente, os investidores de longo prazo geralmente reinvestem os dividendos e os juros sobre capital próprio, fazendo poupança em ações, ou seja, com esses recursos compram mais ações. Após obterem uma boa quantidade de ações, se "aposentam" e desfrutam apenas da remuneração distribuída.

DIREITOS DOS ACIONISTAS

Bonificação

Bonificação é a emissão ou distribuição gratuita de novas ações aos acionistas, em número proporcional às já possuídas, de acordo com o aumento de capital realizado por uma empresa. Esse aumento pode ser por recursos próprios, incorporação de reservas, lucros não distribuídos ou reavaliação de ativos. Excepcionalmente, pode ocorrer a distribuição de bonificação em dinheiro, a qual aumenta a quantidade de ações da empresa, sem alterar o valor do patrimônio. Trata-se de um direito que não prescreve.

Subscrição

Quando a empresa necessita de recursos para financiar investimentos ou modificar sua estrutura de capital e decide lançar novas ações no mercado, o acionista tem o direito de subscrever ações em quantidade proporcional às já possuídas, ou seja, ele tem um direito de preferência de adquirir as novas ações. Esse direito é denominado direito de subscrição. O acionista tem preço e prazo preestabelecidos para o exercício. Pode ser negociado na Bovespa, permitindo a seu detentor transferi-lo para terceiros. Ao final do prazo de exercício, o direito é extinto, sem restituição para quem não o exercer. Para incentivar o investimento adicional nas novas ações, a empresa procura estabelecer um preço de emissão inferior à cotação em Bolsa de Valores.

DESDOBRAMENTO E GRUPAMENTO

Os desdobramentos e grupamentos são eventos periódicos no mercado de ações e trazem pouco efeito sobre o valor efetivo do investimento em ações. O desdobramento, também conhecido pelo termo inglês *split*, nada mais é do que a divisão de uma ação em várias. Por exemplo, se uma ação atingiu um patamar de preço considerado caro pelos investidores, a empresa pode optar por dividir o preço da ação em dois, três ou qualquer outra proporção. Quando isso ocorre, a empresa aumenta a quantidade de ações em circulação, na mesma proporção, sem alterar o capital social da empresa, reduzindo o valor unitário e aumentando a liquidez da ação no mercado.

Por exemplo, um investidor que comprou 50 ações pelo valor de R$100,00 cada uma, detém R$5.000,00 (50 ações × R$100,00) em ações. Após um desdobramento de 5 para 1, terá a quantidade de ações multiplicada por 5. Passará de 50 para 250 e o valor unitário da ação será dividido por 5, de R$100 para R$20. Esse investidor, após o desdobramento, passa a ter 250 ações a R$20,00 cada uma. O financeiro continua o mesmo: 250 ações × R$20,00; R$5.000,00 em ações.

O capital social da empresa segue inalterado, pois a quantidade de ações aumentou cinco vezes, e o preço da ação passa a ser cinco vezes menor.

O grupamento, ou *inplit* é exatamente o inverso. Há redução da quantidade de ações em circulação de forma que duas, três ou mais ações sejam grupadas em uma, sem alterar o capital social da empresa, elevando o valor unitário da ação.

Imagine que um investidor é possuidor de 100.000 ações de uma empresa. No momento, a ação é negociada por R$0,16. Logo, o saldo financeiro é de R$16.000,00 (100.000 ações × R$0,16). Se a empresa decidir por um grupamento de 1 para 100, significa que cada 100 ações existentes serão convertidos em 1 nova ação com valor de 100 vezes do valor da ação original, então o investidor passa a ter 1.000 ações a R$16,00 cada uma, permanecendo com um financeiro inalterado de R$16.000,00.

CAPÍTULO 3

Como funciona o mercado de ações

ENTENDER O FUNCIONAMENTO DO MERCADO DE AÇÕES É simples e fácil. Basta conhecer os procedimentos, as rotinas e os personagens envolvidos no processo de negociação. Neste capítulo analisaremos detalhadamente cada uma das etapas de negociação, desde a escolha da corretora, o acompanhamento do dia a dia do mercado, e a identificação dos agentes encarregados pela custódia dos títulos e pela fiscalização dos entes envolvidos. A Figura 3.1 mostra quem são os participantes e as rotinas da operação.

ABERTURA DE CONTA E CORRETORAS

Ninguém pode ir diretamente à Bolsa e pedir ações a um atendente no balcão. O processo só será realizado via corretora; portanto, o investidor deve, inicialmente, escolher uma corretora. A escolha é simples. Na internet, na pá-

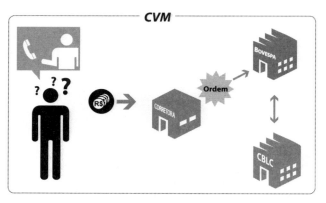

FIGURA 3.1
Participantes do mercado

gina da Bovespa e da Comissão de Valores Mobiliários (CVM),[1] estão listadas todas as instituições autorizadas a realizar esse tipo de negócio.

Ao escolher a corretora, o investidor deve analisar o histórico e verificar a credibilidade desta perante o mercado, buscando informações com clientes, amigos e parentes que tenham mais experiência no mercado de ações.

As corretoras são instituições financeiras credenciadas pelo Banco Central e pela CVM, e fiscalizadas pela Bovespa. Sua principal função é promover, de forma eficiente, a aproximação entre compradores e vendedores de títulos e valores mobiliários. Dessa forma, as sociedades corretoras exercem o papel de unificadoras do mercado, dando segurança ao sistema e liquidez aos títulos transacionados.

As principais atividades de uma corretora são as seguintes:

- Operar com exclusividade na Bolsa de Valores, com títulos e valores mobiliários de negociação autorizada.
- Comprar, vender e distribuir títulos e valores mobiliários, por conta de terceiros, e efetuar lançamentos públicos de ações.
- Administrar carteiras de valores e custodiar títulos e valores mobiliários.
- Instituir, organizar e administrar fundos e clubes de investimentos.

---

[1] www.cvm.gov.br

- Prestar serviços, como transferência de títulos, recebimentos de juros e dividendos.
- Encarregar-se da subscrição de títulos e valores mobiliários etc.

Uma boa corretora deve atender às necessidades e ao perfil do investidor. Por exemplo, se o investidor quer operar no mercado com frequência e de forma participativa, deve procurar corretoras que ofereçam condições para tanto, ou seja, escolher aquelas que apresentarem a melhor gama de serviço, como plataformas de operação, plataformas de acompanhamento – como *mobile broker, home broker* e plataformas profissionais –, análise de gráficos em tempo real, análises setoriais e macroeconômicas, blog com informações, entrevistas, boletins, *trades*, artigos, análises do mercado financeiro e disponibilidade de atendimento personalizado realizado por operadores qualificados e disponíveis através do contato direto, via telefone, e-mail ou MSN.

Para aqueles investidores mais moderados, que participam pouco, o mais importante é verificar a credibilidade da corretora e as taxas cobradas[2] por ela. Ao investidor com quantias menores de dinheiro, provavelmente será mais interessante optar por corretoras que cobram taxas percentuais sobre o volume negociado, pois pagará menos corretagem por estar movimentando pouco capital.

Se o investidor optar por ordens maiores, as taxas fixas podem ser mais interessantes porque independem do volume financeiro negociado.

Enfim, tudo vai depender do perfil e do tempo de envolvimento que o investidor estiver disposto a ter.

Definida a escolha da corretora, o passo seguinte é abrir uma conta exclusiva para investimento em ações nessa instituição. É como abrir uma conta corrente em um banco. Serão necessários documento de identidade, CPF e comprovante de residência, além do preenchimento de uma ficha cadastral. Não há custo algum e vale lembrar que um investidor pode abrir conta em mais de uma corretora simultaneamente, tendo a opção de investir em uma ou em outra, usufruindo dos melhores recursos que cada uma oferece.

---

[2] Ver Custos Operacionais e Tributação, ao longo deste capítulo.

TRANSFERÊNCIA DE RECURSOS

O dinheiro que o investidor irá utilizar para operar com ações deve ser depositado em sua conta bancária e de lá, transferido, somente, por meio de DOC ou TED, para a conta aberta na corretora. Assim, a quantia ficará nesta conta até que a operação seja realizada. O sistema é "blindado" por meio de um caminho de mão dupla: cliente-corretora, corretora-cliente, sendo impossível a realização de resgate ou depósito por e para terceiros. Assim, antes de começar, o investidor precisa, inicialmente, ter uma conta bancária e dispor de capital.

BOLSA DE VALORES

As Bolsas de Valores são as entidades que mantêm o local ou o sistema de negociação eletrônico adequados à realização de transações de títulos e valores mobiliários. São os mais importantes centros de negociações de ações devido a seu expressivo volume e transparência das operações. É somente na Bolsa de Valores que o investidor, por meio da corretora, poderá comprar e vender ações.

As Bolsas atuam como auxiliares da CVM na fiscalização do mercado, em especial de seus membros, as sociedades corretoras. Têm ampla autonomia em sua esfera de responsabilidade e propiciam liquidez às aplicações fornecendo, em tempo real, um preço de referência para os ativos ali negociados, por intermédio de um mercado contínuo, através de pregões diários.

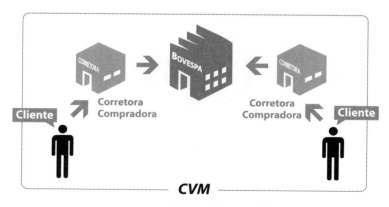

FIGURA 3.2

A IMPORTÂNCIA DA BOLSA NA ECONOMIA

O Brasil chegou à era do capitalismo com capital! A revolução capitalista vivida pela economia brasileira também é resultado da modernização de nosso mercado de capitais. Não há crescimento econômico sem crescimento das empresas. Só com as Bolsas funcionando de forma plena, o capitalismo pode demonstrar sua força. Na Bolsa, o dinheiro não tem partido político nem preferência ideológica. Ele só quer gerar mais dinheiro. Premia naturalmente as empresas mais bem administradas, mais lucrativas, que geram mais negócios e mais empregos. O mercado de ações é, por isso, a melhor ferramenta já inventada para promover a distribuição de riqueza – ele favorece tão-somente o mérito.

A Bolsa de Valores de São Paulo – Bovespa foi a Bolsa oficial do Brasil até o ano de 2008. Atualmente a Bolsa oficial do Brasil é a Bolsa de Valores, Mercadorias e Futuros de São Paulo, a BM&FBovespa,[3] que é a segunda maior Bolsa de Valores das Américas e a terceira maior do mundo.[4] Sua sede localiza-se no centro da cidade de São Paulo.

FIGURA 3.3
Prédio da BM&FBovespa

---

[3] Ver site www.wikipedia.org com histórico completo.
[4] Fonte: www.bmfbovespa.com.br/portugues/QuemSomos.asp.

Em 8 de maio de 2008, a Bolsa de Valores de São Paulo (Bovespa) e a Bolsa de Mercadorias e Futuros (BM&F) fundiram-se, dando origem a uma nova instituição batizada de BM&FBovespa.

Ao longo de sua história, a Bolsa brasileira passou por muitas mudanças para aperfeiçoar sua estrutura. O site www.wikipedia.org apresenta o histórico completo e a cronologia. A seguir, a cronologia para que o leitor tenha uma visão ampla de como era antes e como está o ambiente de negociações hoje.

Cronologia

- 1890 – Fundação da Bolsa Livre, fechada um ano depois em decorrência da política do encilhamento.
- 1895 – Fundação da Bolsa de Fundos Públicos de São Paulo.
- 1934 – Mudança da sede da Bolsa de Valores para o Palácio do Café, onde recebeu o nome de Bolsa Oficial de Valores de São Paulo.
- 1967 – Surgimento das sociedades corretoras e do operador de pregão. A Bolsa passa a se chamar Bolsa de Valores de São Paulo – Bovespa.
- 1970 – As movimentações financeiras que ocorriam na Bovespa passam a ser registradas eletronicamente.
- 1972 – Implantação do pregão automatizado.
- 1986 – Início dos pregões da Bolsa Mercantil & de Futuros – BM&F.
- 1990 – Foram iniciadas as negociações pelo Sistema de Negociação Eletrônica – CATS (Computer Assisted Trading System), que operava simultaneamente com o sistema tradicional de Pregão Viva Voz.
- 1991 – Acordo entre a BM&F e a Bolsa de Mercadorias de São Paulo (BMSP), que passa a ter a denominação Bolsa de Mercadorias & Futuros.
- 1997 – Foi implantado, com sucesso, o novo sistema de negociação eletrônica da Bovespa, o Mega Bolsa. O Mega Bolsa ampliou o volume potencial de processamento de informações; acordo entre a BM&F e a Bolsa Brasileira de Futuros – BBF.
- 1999 – Lançamento dos serviços *Home Broker* e After-Market pela Bovespa.
- 2000 – Implantação da plataforma eletrônica de derivativos GTS da BM&F.

- 2007 – Desmutualização da Bovespa, que passa a ser chamada de Bovespa Holding, e da BM&F, que passa a ser chamada de BM&F S.A.
- 2008 – Integração da Bovespa Holding S.A. e da BM&F S.A., com a criação da Bolsa de Valores, Mercadorias e Futuros – BM&FBovespa S.A., a terceira maior Bolsa do mundo em valor de mercado.

Hoje, no local onde ficava o antigo pregão, na sede da antiga Bovespa, em São Paulo, não há mais nenhuma negociação presencial. O prédio funciona como Espaço Bovespa. A área está dividida em vários ambientes, todos vol-

FIGURA 3.4

FIGURA 3.5

tados à integração do público com o mercado acionário, com as corretoras membros e com a Bovespa, por meio de palestras, simulações, resgate histórico, simulações etc.

PREGÃO DA BOLSA

O pregão viva voz era a forma tradicional de negociação, na qual os operadores de pregão recebiam as ordens das mesas de operação das corretoras e as ofertavam em uma sala de negociações dentro da Bovespa. Fechado o negócio, era preenchido um boleto com as especificações. A fim de aumentar a transparência e o aperfeiçoamento do trabalho, o pregão viva voz foi extinto em 2005, e implantado o pregão eletrônico, em que as ordens são colocadas pelos operadores de mesa nas corretoras, por meio de terminais conectados com a Bolsa, ou pelos sistemas de *home broker* das corretoras, que canalizam as ordens provenientes da internet. Todas essas ordens são encaminhadas a um servidor central que se encarrega de fechar os negócios e informá-los às corretoras.

QUADRO 3.1
Horário de Funcionamento do Pregão

	PREGÃO REGULAR	AFTER-MARKET
Horário de inverno	Das 10h às 17h	Das 17h45 às 18h30
Horário de verão	Das 11h às 18h	Das 18h45 às 19h30

After-market: É uma sessão noturna de negociação eletrônica. Além de atender aos profissionais do mercado, esse mecanismo também é interessante para os pequenos e médios investidores, pois permite o envio de ordens após o horário regular. A totalidade de ordens enviadas tem um limite de R$100 mil por investidor e os preços das ordens enviadas nesse período não poderão exceder à variação máxima positiva ou negativa de 2% em relação ao preço de fechamento do pregão diurno.

ENVIO DE ORDEM

O ato mediante o qual o cliente determina a uma corretora que compre ou venda ativos ou direitos em seu nome, nas condições especificadas, chama-se ordem. É por intermédio da ordem que o investidor define a quantidade e o preço dos títulos a serem negociados.

COMO FUNCIONA O MERCADO DE AÇÕES

Há dois meios de se transmitir uma ordem: via corretora e via investidor. As ordens enviadas via corretora podem ser dadas por e-mail, por MSN ou por telefone; para isso, basta teclar ou telefonar para a mesa de operações da corretora. Finalizada a conversa, e dada a ordem, a corretora entra no sistema da Bovespa e realiza a operação.

As ordens via investidor serão realizadas via *home broker*, que é uma ferramenta desenvolvida para permitir que um número maior de pessoas participe do mercado acionário, tornando mais ágil e simples a atividade de compra e venda de ações. Trata-se de um canal direto de relacionamento entre os investidores e o mercado. De forma semelhante aos serviços de *home banking*, oferecidos pela rede bancária, os *home brokers* das corretoras estão interligados ao sistema de negociação da Bovespa e permitem que o investidor envie, automaticamente, via internet, ordens de compra e venda de ações. Algumas vezes, o *home broker* pode ser um software que a corretora instala no computador do cliente, mas a maioria das corretoras tem a solução disponível na internet. O investidor entra no próprio site da corretora, acessa o *home broker*, escolhe suas ações e dá a ordem. O sistema da corretora recebe o pedido e executa a operação na Bovespa.

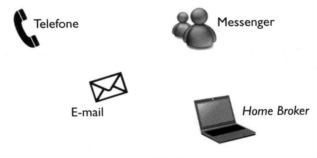

FIGURA 3.6
Como enviar ordens

Além da praticidade e rapidez nas negociações, o *home broker* possibilita que o investidor acompanhe sua carteira de ações, tenha acesso às cotações, notícias e análises, envie ordens imediatas ou programadas e receba a confirmação das ordens executadas.

Antigamente, as corretoras classificavam os investidores como investidores da mesa e investidores do *home broker*. Hoje não há mais essa distinção, e todos são reconhecidos e tratados como clientes da instituição.

→ **Envio** de ordens pela internet.
→ **Recebimento** da confirmação de ordens executadas.
→ **Acompanhamento** da carteira de ações.
→ **Acesso** às cotações, notícias e análises.

FIGURA 3.7
Home broker

COMO COMPRAR E COMO VENDER

Comprar e vender ações nada mais é do que o ato de substituir (trocar), por determinado período de tempo, uma quantidade "x" de capital por uma quantidade "y" de ações de uma empresa qualquer, e posteriormente inverter a operação, transformando essas mesmas ações novamente em dinheiro quando for conveniente ao investidor. Quanto maior for a diferença positiva entre o preço de compra e o preço de venda, maior o lucro na operação.

FIGURA 3.8

Por exemplo: um investidor resolve adquirir um lote de 100 ações de uma empresa do setor de consumo, a R$20/ação. Três semanas depois, após a valorização, decide vendê-las e encerrar sua posição. As ações estão sendo negociadas a R$23 cada, ou seja, estão valorizadas.

COMO FUNCIONA O MERCADO DE AÇÕES

Podemos dizer que se esse investidor que dispôs de R$2.000,00 para comprar as 100 ações ao vendê-las por R$23,00 a ação, ficará com R$2.300,00 obtendo um lucro bruto de R$300,00 o que corresponde a 15% de valorização bruta.

FIGURA 3.9

Livro de ofertas

Através do *home broker*, o investidor pode acompanhar suas negociações através do livro de ofertas, que exibe a lista de compradores e vendedores interessados em negociar determinada ação (ver Quadro 3.2). De um lado da

QUADRO 3.2
Livro de Ofertas

\	COMPRA	\	\	VENDA	\
Corretora	Quantidade	Preço	Preço	Quantidade	Corretora
Corretora A	400	44,00	44,20	100	Corretora D
Corretora A	200	43,50	44,20	200	Corretora A
Corretora B	100	43,00	44,20	200	Corretora E
Corretora C	300	43,00	44,40	300	Corretora B
Corretora F	300	42,80	44,50	500	Corretora D
Corretora B	700	42,70	44,50	100	Corretora A
Corretora D	100	42,40	44,60	200	Corretora C

tabela, as corretoras compradoras representam seus clientes e do outro, com a mesma função, aparecem as corretoras vendedoras. Cada linha mostra uma ordem dada por um cliente da corretora. Veja que não aparece o nome do investidor, mas sim o da corretora, pois pessoas físicas não podem negociar entre si sem o intermédio da corretora. Esta é a intermediária cadastrada e autorizada a negociar ações na Bolsa.

POR QUE TANTA VOLATILIDADE?

Ao analisarmos o Quadro 3.2, observamos que as três colunas da esquerda, listam os investidores, através de suas corretoras, que emitiram ordens de compra. Os preços estão classificados em ordem decrescente de cima para baixo, isto é, o sistema posiciona as ordens de compra conforme o melhor preço e vai do maior ao menor. Portanto, para comprar uma ação não basta "chegar primeiro" e sim "pagar mais por ela". Desta forma, o primeiro da fila será sempre o melhor comprador, pois para quem deseja vender quanto maior o preço ofertado, melhor.

No lado direito, temos a posição inversa, ou seja, quem está comprando quer comprar pelo preço mais baixo. Portanto, irá comprar do melhor vendedor, que é aquele que "vende por menos". É por esse motivo que, os preços estão classificados do menor ao maior de cima para baixo. O primeiro da fila será o melhor vendedor, aquele que está disposto a vender pelo melhor preço que é o menor, o mais barato entre os vendedores. Só haverá negócio quando os preços de compra e de venda "coincidirem", ou seja, quando o melhor comprador conseguir comprar pelo preço que ele deseja ou quando o melhor vendedor conseguir que alguém lhe pague o preço solicitado. Se isso não ocorrer, as posições ficam na "pedra"[5] aguardando até que uma nova ordem seja emitida.

---

[5] A expressão "está na pedra" ainda é usada no mercado, tendo sua origem há muito tempo, quando os preços iam, literalmente, para a pedra. Naquela época, as pessoas negociavam na própria Bolsa, então, o livro de ofertas era descrito em um quadro negro, pois era a única maneira de os operadores e investidores acompanharem os negócios em tempo real. A cada ordem emitida havia um registro novo no quadro, ou seja, na pedra.

Negociando ações

A ordem de compra de 400 ações por R$44,00 enviada pela corretora A (ver Quadro 3.2), provavelmente não será executada, pois pode não existir interessados em vender por esse valor. Se quiser que a ordem seja executada, o investidor deverá aceitar comprar a ação pelo melhor preço de venda, R$44,20; caso contrário, sua ordem ficará visível no lado comprador até que um vendedor se interesse por seu preço.

Veja o que acontece se o comprador alterar a oferta de compra para R$44,20.

QUADRO 3.3A

LIVRO DE OFERTAS					
COMPRA			VENDA		
Corretora	Quantidade	Preço	Preço	Quantidade	Corretora
Corretora A	400	44,20	44,20	100	Corretora D
Corretora A	200	43,50	44,20	200	Corretora A
Corretora B	100	43,00	44,20	200	Corretora E
Corretora C	300	43,00	44,40	500	Corretora B
Corretora F	300	42,80	44,50	100	Corretora D
Corretora B	700	42,70	44,50	200	Corretora A
Corretora D	100	42,40	44.60	200	Corretora C

Com a alteração da ordem, o negócio será realizado imediatamente por esse preço. Deve-se levar em consideração, então, a quantidade de ações comprada, pois nem sempre o melhor vendedor estará disposto a comprar a mesma quantidade de ações que o comprador.

Quando isso ocorrer, haverá um fracionamento até que se alcance a quantidade desejada. No exemplo, a situação inicial (Quadro 3.2) mostrou que havia três vendedores a R$44,20. Ao lançar a ordem de compra nesse preço, ela será executada e dividida em três partes, pois nem o primeiro nem o segundo vendedor, somados, atendem à quantidade solicitada.

Inicialmente a Corretora D vende 100 ações para a Corretora A por R$44,20, sai do livro de ofertas e a Corretora A passa ao topo da fila, com uma oferta de venda de 200 ações a R$44,20 (Quadro 3.3B).

QUADRO 3.3B

| LIVRO DE OFERTAS ||||||
| COMPRA ||| VENDA |||
Corretora	Quantidade	Preço	Preço	Quantidade	Corretora
Corretora A	300	44,20	44,20	200	Corretora A
Corretora A	200	43,50	44,20	200	Corretora E
Corretora B	100	43,00	44,40	300	Corretora B
Corretora C	300	43,00	44,50	500	Corretora D
Corretora F	300	42,80	44,50	100	Corretora A
Corretora B	700	42,70	44,60	200	Corretora C
Corretora D	100	42,40			

Em seguida a Corretora A vende[6] 200 ações, totalizando uma compra de 300 ações para o cliente comprador, também representado pela Corretora A.

A partir daí a corretora E passa para o topo da fila com a oferta de 200 ações por R$44,20, como mostra o Quadro 3.3C.

QUADRO 3.3C

| LIVRO DE OFERTAS ||||||
| COMPRA ||| VENDA |||
Corretora	Quantidade	Preço	Preço	Quantidade	Corretora
Corretora A	100	44,20	44,20	200	Corretora E
Corretora A	200	43,50	44,40	300	Corretora B
Corretora B	100	43,00	44,50	500	Corretora D
Corretora C	300	43,00	44,50	100	Corretora A
Corretora F	300	42,80	44,60	200	Corretora C
Corretora B	700	42,70			
Corretora D	100	42,40			

Por fim, a Corretora A compra da Corretora E as últimas 100 ações (total de 400) e sai da fila.

---

[6] É muito comum no mercado a mesma corretora estar na ponta compradora e na ponta vendedora simultaneamente. Afinal, não está comprando ou vendendo para ela e sim para seus clientes.

Após a execução da ordem, há um reposicionamento do livro de ofertas e o melhor comprador agora passa a ser o antigo segundo da fila dos compradores, alguém representado pela Corretora A disposto a comprar 200 ações pelo preço de R$43,50. Em contrapartida, o melhor vendedor permanece na primeira posição, pois vendeu apenas 100 das 200 ações desejadas. O melhor preço de venda permanece sendo o do investidor representado pela Corretora B, a R$44,2, conforme mostra o Quadro 3.4.

QUADRO 3.4

| LIVRO DE OFERTAS ||||||
| COMPRA ||| VENDA |||
Corretora	Quantidade	Preço	Preço	Quantidade	Corretora
Corretora A	200	43,50	44,20	100	Corretora E
Corretora B	100	43,00	44,40	300	Corretora B
Corretora C	300	43,00	44,50	500	Corretora D
Corretora F	300	42,80	44,50	100	Corretora A
Corretora B	700	42,70	44,60	200	Corretora C
Corretora D	100	42,40			

Na prática, a realização dos negócios é muito rápida e, em papéis de alta liquidez, muitas vezes é difícil visualizar os preços das pontas devido à velocidade com que são realizados. A todo momento existe alguém disposto a comprar e alguém disposto a vender.

Se a procura por ações é muito forte, os vendedores são exercidos em sequência e o preço da ação sobe; se a oferta é mais forte e um número expressivo de investidores resolve se desfazer de suas ações, os compradores passam a ser exercidos em sequência. Então o preço cai. Portanto, a formação de preços das ações é dada pelo mercado por meio da lei de formação de preço da oferta e da procura. É isso o que faz com que a cotação da ação em determinado momento esteja, digamos, com 2% de alta e alguns minutos após esteja cotada a −1,5%.

A sequência de operações apresentadas nos Quadros 3.5 e 3.6 ajuda a entender o porquê dessa volatilidade. Os quadros descrevem situações reais que podem ser acompanhadas em qualquer *home broker* permitindo o acompanhamento, em tempo real, do desempenho do preço da ação desejada durante o horário de funcionamento do pregão.

QUADRO 3.5

EXEMPLO ON NM				
EXEM3$_{200}$ NM	23,68	Cp		CORRETORA A
13:50h	3,63%	Vd		CORRETORA B
Ofertas		Corretoras		
Compra$_{200}$	23,66	CORRETORA C		200
Venda$_{2,7K}$	23,70	CORRETORA D		1,7K
14/jul		Histórico		
Abt	22,25	1 mês		12,76%
Máx	23,75	1 ano		31,56%
Mín	21,86	Quantidade		
Méd	22,80	Neg		21.756
Fech$_{13/JUL}$	22,85	QTT		25,3M

O exemplo mostra, às 13h50 do dia 14 de julho, a performance da ação ordinária EXEM3, da empresa fictícia EXEMPLO S.A., listada no Novo Mercado (NM) da Bovespa. Nesse instante, observa-se que a ação foi negociada a R$23,68. Quem comprou foi um cliente da Corretora A que vendeu para um cliente da Corretora B. Nota-se que o preço da ação está em alta de 3,63%. Isso não significa que alguém que tenha a ação EXEM3 esteja ganhando, neste instante, 3,63%. Esse percentual indica apenas a variação entre o preço do último negócio do momento (R$23,68) e o preço de fechamento[7] da ação no dia anterior, 13 de julho, que foi de R$22,85. Logo, a cada novo negócio com preço diferente, haverá alteração no percentual. Se os próximos negócios forem realizados por um valor mais alto, esse percentual aumenta; caso contrário, o percentual diminui. Veja que o percentual histórico também está relacionado com o último negócio. Suponha que o valor da ação no dia 13 de julho do ano passado tenha fechado a R$18, comparado com R$23,68, resultará em uma variação de 31,56% para os últimos 12 meses.

Suponha também que a ação no dia 13 de junho deste ano, portanto um mês atrás, foi negociada a R$21,00. Ao comparar com o preço de R$23,68, resulta em uma variação percentual de 12,76% nos últimos 30 dias.

Por meio dessa janela, podemos ter acesso, também, às melhores ofertas de compra e de venda, que são, respectivamente, R$23,66, referentes a um cliente

---

[7] O preço de fechamento corresponde ao preço do último negócio do dia anterior.

da Corretora C que deseja comprar 200 ações, e R$23,70, correspondentes a um cliente da Corretora D que deseja comprar 2,7K,[8] ou 2.700 ações.

É possível termos acesso também a outras informações importantes como:

- O preço de abertura, que indica o preço do primeiro negócio realizado no dia, no caso R$22,25; os preços máximo, mínimo e médio da ação, respectivamente R$23,75, R$21,86 e R$22,80, que informam o negócio mais caro do dia, o negócio mais barato do dia e a média ponderada atual do preço da ação.
- O acesso, em tempo real, ao número total de negócios, que é de 21.756.
- A quantidade total de ações negociadas até as 13h50, que é de 25,3M.[9]

Esse cenário muda a todo instante, dependendo do volume de negócios; alguns minutos mais tarde, os valores estão totalmente alterados ou para cima ou para baixo, conforme mostra o Quadro 3.6.

QUADRO 3.6

EXEMPLO ON NM				
EXEM3$_{100}$ NM	24,79	Cp		CORRETORA C
13:55h	8,49%	Vd		CORRETORA B
Ofertas		Corretoras		
Compra$_{300}$	24,70	CORRETORA A		300
Venda$_{400}$	24,85	CORRETORA D		400
14/jul		Histórico		
Abt	22,25	1 mês		18,05%
Máx	24,79	1 ano		37,72%
Mín	21,86	Quantidade		
Méd	23,80	Neg		22.153
Fech13/JUL	22,85	QTT		27,2M

MERCADO INTEGRAL E MERCADO FRACIONÁRIO

O investidor pode negociar ações na Bovespa através do mercado fracionário ou do mercado integral, em lotes-padrão.

---

[8] A letra K representa a quantidade de 1 mil.
[9] A letra M representa a quantidade de 1 milhão.

Lote-padrão é a quantidade mínima exigida pela Bovespa para que ações com características idênticas possam ser adquiridas no mercado à vista. Em geral, o lote-padrão é um número múltiplo de 100.

Por exemplo, se alguém deseja adquirir papéis de uma empresa que está cotada a R$10 e tem um lote-padrão de 100 ações, precisa desembolsar R$1.000.

Contudo, é possível adquirir uma quantidade menor do que o lote-padrão, no mercado fracionário. No mercado fracionário, ações são negociadas unitariamente. Nele, pode-se adquirir qualquer número de ações, o que facilita a entrada de investidores de menor porte. Não há lote mínimo para negociação. Isso significa que o investidor pode, se assim desejar, comprar 18, 9 ou até mesmo apenas 1 ação de uma empresa.

Grandes investidores também podem utilizar o mercado fracionário. Muitos o utilizam para completar lotes-padrão. Por exemplo, um investidor com 1.420 ações de determinada empresa pode recorrer ao mercado fracionário, adquirir 80 ações e, assim, completar 15 lotes-padrão, correspondentes a 1.500 ações.

Não há diferença entre a ação negociada no mercado integral e a negociada no mercado fracionário. O ativo é o mesmo; só é negociado em mercados diferentes. Para negociar uma ação no mercado fracionário, basta alterar o código, que é o mesmo do mercado integral, acompanhado da letra F. Por exemplo, PETR4 vira PETR4F.

Os mercados fracionário e integral são independentes. Isso significa que cada mercado tem cotações e liquidez próprios, podendo uma mesma ação estar subindo no integral e se desvalorizando no fracionário ou vice-versa. No entanto, os preços de ambos os mercados são bem próximos, uma vez que as ações são as mesmas, variando apenas as quantidades negociadas, pois não faria sentido uma grande diferença de preços (caso uma ação X estivesse sendo negociada a R$10 no mercado integral e a R$20 no fracionário). Nesse caso, alguém compraria um lote de 100 no integral e venderia em duas ordens de 50 no fracionário a R$20, realizando um lucro de 100%.

Normalmente, as ofertas de venda no mercado fracionário são ligeiramente mais altas do que as do mercado integral, e as ofertas de compra são mais baixas. Em outras palavras, no mercado fracionário, o *spread*, que é a diferença entre as melhores ofertas de compra e venda, é maior.

Por possuir menor volume de negociação, a liquidez no mercado fracionário também é menor, ou seja, é mais "fácil" comprar/vender ações no mercado integral do que no mercado fracionário, o que não chega a ser problema para investidores de médio/longo prazos e/ou que operam com *blue chips*, porém, deve-se evitar "operar" no mercado fracionário com ações de baixa liquidez no mercado integral, pois, as negociações serão demoradas.

CUSTÓDIA E LIQUIDAÇÃO

Para facilitar o processo de negociação das ações em Bolsa de Valores é necessário que estas estejam custodiadas em uma central de liquidação e custódia. Esse procedimento facilita a transferência de posse e propriedade das ações mediante um sistema de débito e crédito de contas que os clientes possuem nessas centrais. Os objetivos principais de uma câmara de liquidação e custódia são assegurar à Bolsa de Valores um serviço de liquidação isento e confiável e proporcionar uma custódia projetada para reduzir custos de manuseio e processamento de títulos por parte dos intermediários financeiros, que servem ao público investidor, aumentando a velocidade, a precisão e a segurança das operações em Bolsa, preservando a titularidade dos ativos nelas negociados.

A **Companhia Brasileira de Liquidação e Custódia** (CBLC) é uma organização autorreguladora, supervisionada pela CVM, que foi criada a partir de uma reestruturação patrimonial da Bolsa de Valores de São Paulo – Bovespa, ocorrida em fevereiro de 1998. Seu nascimento representou uma resposta à necessidade do mercado brasileiro de uma estrutura moderna e eficiente que compreendesse atividades relacionadas à compensação, liquidação, custódia e controle de risco para o mercado financeiro. Representou o início de uma nova fase na história do mercado de capitais do Brasil. Foi organizada de modo a permitir a participação de uma grande variedade de instituições fortes e tecnicamente estruturadas e trabalhou no intuito de constituir-se na empresa depositária central do mercado de ações no Brasil, objetivo alcançado quando assumiu o controle da Câmara de Liquidação e Custódia (CLC), em abril de 2000.

CUSTÓDIA DAS AÇÕES

Diversas instituições financeiras mantêm um serviço de custódia de ações e de outros títulos. A custódia é um serviço que as bolsas e as sociedades corretoras prestam a seus clientes e que consiste na guarda de ações de companhias abertas, certificados de privatização, debêntures, certificados de investimento, certificados audiovisuais e quotas de fundos imobiliários. A manutenção de um título em custódia poupa os investidores do trabalho de ir ao departamento de acionista para receber dividendos, bonificações ou exercer o direito para comprar e vender ações. Basta, portanto, o investidor entregar seus títulos à CBLC, por meio da corretora, para se beneficiar do sistema de custódia, cuja finalidade é controlar o estoque de títulos.

Segundo Mara Luquet e Nelson Rocco,[10] boa parte da eficiência da Bolsa de Valores é creditada à CBLC, uma vez que pronta a liquidação das operações, e com a respectiva entrega dos títulos e do dinheiro, a CBLC possibilita velocidade de transferência e contribui para aumentar a satisfação dos investidores.

LIQUIDAÇÃO DAS OPERAÇÕES

A liquidação da operação é o processo de transferência dos títulos da corretora vendedora para a compradora e o pagamento correspondente de quem comprou para quem vendeu. A entrega dos títulos para a corretora compradora, o pagamento e o recebimento da compra e da venda são feitos no terceiro dia útil, a contar da data de realização da operação. Como a Bolsa de Valores se relaciona com as corretoras e as corretoras se relacionam com seus clientes, as responsáveis pela liquidação das operações realizadas são as corretoras.

O processo de liquidação é concluído em duas etapas:

ETAPA 1 – LIQUIDAÇÃO FÍSICA: É quando a corretora representante do vendedor entrega os títulos à Bolsa de Valores. Isso ocorre no segundo dia útil (D_2) após a realização do negócio em pregão (D_0). As ações vendidas devem estar depositadas na Companhia Brasileira de Liquidação e Custódia – CBLC, responsável pela guarda das ações, que durante a noite debita as ações na conta do comprador. As ações ficam bloqueadas e estarão à disposição do comprador após a liquidação financeira.

ETAPA 2 – LIQUIDAÇÃO FINANCEIRA: Ocorre quando a corretora representante do comprador efetua o valor total do pagamento à corretora vendedora. Se dá no terceiro dia útil (D_3) após o fechamento do negócio em pregão.

---

[10] Autores do *Guia Valor Econômico de Investimentos em Ações*. Editora Globo.

COMO FUNCIONA O MERCADO DE AÇÕES

A liquidação financeira é processada por meio do sistema bancário, mediante o envio de comandos de débito e crédito em conta corrente.

No dia a dia do mercado de ações é muito comum, no mercado à vista, a realização de compra e venda de uma mesma ação em um mesmo pregão, por uma mesma corretora e por conta de um mesmo investidor. Essa operação é conhecida como *day trade*, ocorrendo sua liquidação financeira por compensação, igualmente, em D+3.

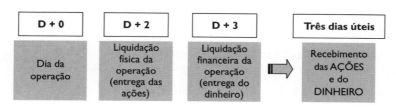

FIGURA 3.10
Processo de liquidação das operações

COMISSÃO DE VALORES MOBILIÁRIOS – CVM

Quem disciplina, normatiza e fiscaliza o funcionamento do mercado de valores mobiliários, controlando a atuação de seus protagonistas, assim classificados, as companhias abertas, os intermediários financeiros e os investidores, é a Comissão de Valores Mobiliários, a CVM, uma autarquia subordinada ao Ministério da Fazenda, conhecida como o "xerife" do mercado financeiro. Ela cuida de todos os títulos emitidos pelas empresas que visam captar recursos destinados ao financiamento de suas atividades e, desde maio de 2002, responde também pelos derivativos negociados sobre outros ativos que não sejam considerados valores mobiliários pelo mercado de futuros e por toda a indústria de fundos.

De acordo com a Lei nº 6.385/76, com redação dada pela Lei nº 10.411/02, a CVM exercerá suas funções a fim de:

- Assegurar o funcionamento eficiente e regular dos mercados de Bolsa de Valores e futuros e de balcão.
- Proteger os titulares de valores mobiliários contra emissões irregulares e atos ilegais de administradores e acionistas controladores de companhias ou de administradores de carteira de valores mobiliários.

- Evitar ou coibir modalidades de fraude ou manipulação destinadas a criar condições artificiais de demanda, oferta ou preço de valores mobiliários negociados no mercado.
- Assegurar o acesso do público a informações sobre valores mobiliários negociados e às companhias que os tenham emitido.
- Assegurar a observância de práticas comerciais equitativas no mercado de valores mobiliários.
- Estimular a formação de poupança e sua aplicação em valores mobiliários.
- Promover a expansão e o funcionamento eficiente e regular dos mercados de ações e de futuros e estimular as aplicações permanentes em ações do capital social das companhias abertas.

Cabe ainda à CVM disciplinar as seguintes matérias:

- Registro de companhias abertas.
- Registro de distribuições de valores mobiliários.
- Credenciamento de auditores independentes e administradores de carteiras de valores mobiliários.
- Organização, funcionamento e operações das Bolsas de Valores.
- Organização, funcionamento e operações das Bolsas de Mercadorias e de Futuros.
- Negociação e intermediação no mercado de valores mobiliários.
- Administração de carteiras e custódia de valores mobiliários.
- Suspensão ou cancelamento de registros, credenciamentos ou autorizações.
- Suspensão de emissão, distribuição ou negociação de determinado valor mobiliário ou decreto de recesso de Bolsa de Valores.

A CVM não exerce julgamento de valor em relação a qualquer informação divulgada pelas companhias. Zela, entretanto, por sua regularidade e confiabilidade; para tanto, normatiza e persegue sua padronização.

CUSTOS OPERACIONAIS E TRIBUTAÇÃO

Sobre as operações realizadas no mercado secundário incidem os seguintes custos:

Taxa de corretagem

As corretoras, quanto às comissões de corretagem, se dividem em dois grupos. Existem as que cobram valor fixo independente do valor negociado, como se fosse uma taxa de serviço, e as que cobram com base na tabela-padrão[12] sugerida pela Bovespa, a qual mantém uma progressão de corretagem relacionada ao valor envolvido na negociação. Nesse modelo, as comissões variam de acordo com o valor da transação acrescida de uma parcela fixa por dia de operação. Dessa forma, quem investe mais paga mais e aqueles que investem menos, pagam menos, embora, em termos percentuais, a taxa de corretagem acabe sendo maior.

QUADRO 3.7
Tabela-padrão

VOLUME FINANCEIRO NEGOCIADO	TAXA DE CORRETAGEM		CUSTO FIXO
Até R$135,07	0,0%	+	R$2,70
De R$135,08 até R$498,62	2,0%	+	R$0,00
De R$498,63 até R$1.514,69	1,5%	+	R$2,49
De R$1.514,70 até R$3.029,38	1,0%	+	R$10,06
Acima de R$3.029,39	0,5%	+	R$25,21

Taxa de emolumentos

A taxa de emolumentos é uma pequena porção taxativa cobrada sobre as movimentações financeiras tanto na compra quanto na venda dos ativos, pagos à Bovespa, e que depende da classificação do investidor. Caso seja *day trade*, é cobrado 0,025% do volume operado. Caso contrário, a Bovespa cobra uma taxa de 0,035% do volume operado.[11]

Exemplos seguindo a tabela da Bovespa:

---

[11] Valores de abril de 2009.
[12] Tabela Bovespa: www.bovespa.com.br

QUADRO 3.8 Mercado à Vista

OPERAÇÃO	COMPRA	
Ação	ABCD4	
Preço	R$15,00	
Quantidade	1.000	
Volume financeiro	R$15.000,00	
Corretagem	R$100,21	0,5% + 25,21
Emolumentos	R$5,25	0,035% ×
Custo	R$15.105,46	R$15.000

OPERAÇÃO	VENDA	
Ação	ABCD4	
Preço	R$21,00	
Quantidade	1.000	
Volume financeiro	R$21.000,00	
Corretagem	R$130,21	0,5% + 25,21
Emolumentos	R$7,35	0,035% ×
Receita	R$20.862,44	R$21.000
Resultado bruto da operação	R$5.756,98	

QUADRO 3.9 *Day Trade*

OPERAÇÃO	COMPRA	OPERAÇÃO	VENDA
Ação	ABCD4	Ação	ABCD4
Preço	R$15,00	Preço	R$15,60
Quantidade	300	Quantidade	300
Custo	R$4.500,00	Receita	R$4.680,00

Volume financeiro	R$9.180,00	
Corretagem	R$71,11	0,5% + 25,21
Emolumentos	R$2,30	0,025% × R$9.180
Resultado – *Day trade*	R$180,00	
Resultado bruto da operação	R$106,60	

Taxa de custódia

Conforme vimos anteriormente, quando o investidor compra uma ação, ele não recebe o título representativo, que fica sob a custódia do custodiante. Por esse serviço, o mesmo cobra a taxa de custódia, que é uma taxa mensal criada pelas corretoras para manter seu cadastro e suas operações registradas em seus sistemas de *home broker* ou mesa de operações e que cobre os custos operacionais das corretoras junto à CBLC. Ela é cobrada do cliente pela manutenção das ações em custódia fungível no último dia útil do mês, e é debitada no terceiro dia útil do mês subsequente, mas não é de cobrança obrigatória, portanto, o investidor, ao abrir a conta, deve verificar a taxa cobrada.

CONTROLES DO INVESTIDOR

Com o avanço da tecnologia, toda operação com ações pode ser acompanhada instantaneamente, em tempo real, basta ter acesso à internet. Porém, o controle das operações em bolsa, pode ser feito através de três instrumentos:

NOTA DE CORRETAGEM: Quando a ordem é executada, a corretora envia ao cliente a nota de corretagem onde vêm denominados todos os custos operacionais. A nota pode ser enviada por e-mail ou pelo correio, conforme solicitação do cliente. Entretanto, no sistema de *home broker*, as notas ficam armazenadas em um banco de dados, de modo que o investidor possa acessá-las a qualquer momento.

AVISO DE NEGOCIAÇÃO DE AÇÕES (ANA): Quando há negociação, a Bovespa, por sua vez, envia, a cada 15 dias, um documento chamado ANA (Aviso de Negociação de Ações). Nesse documento estão registradas todas as negociações realizadas no período. Ele é enviado pelo correio para a residência, local de trabalho ou para o endereço solicitado.

EXTRATO DA CBLC: Por lei, as corretoras estão obrigadas a fornecer extrato da conta de custódia ao acionista que possui seus títulos custodiados por uma destas formas:

a) sempre que solicitadas;
b) ao término de cada mês ou quando houver movimentação, ou ainda
c) no mínimo, uma vez por ano se não houver movimentação.

A CBLC, responsável pela guarda das ações, é quem envia os extratos pelo correio.

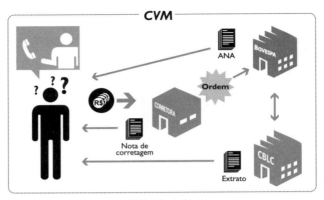

FIGURA 3.11
Controles do Investidor

O investidor pode ter acesso também ao extrato através da internet acessando o site da CBLC[13] e digitando o código do investidor e a senha que são fornecidos pela corretora. A consulta é simples e os procedimentos são similares ao da consulta do extrato bancário por meio do *home banking*.

É necessário, portanto, que o investidor mantenha sempre atualizado seu endereço com a sociedade corretora ou a distribuidora de valores com a qual opere para que possa receber, automaticamente, extratos e informes mensais da posição de suas ações caso tenha havido movimentação em suas contas de custódia.

É de fundamental importância que o investidor faça um acompanhamento periódico da posição de sua custódia para que se previna de eventuais movimentações não autorizadas de títulos de sua propriedade pela sociedade corretora ou distribuidora da qual é cliente.

Esses instrumentos proporcionam ao acionista, além do controle, a segurança e a blindagem no processo de transação em Bolsa; mas sempre é bom estar atento.

---

[13] www.cblc.com.br

QUADRO 3.10
Cuidados a Serem Tomados

---

1. Mantenha sempre atualizado seu enderenço junto à corretora ou distribuidora com a qual opere.
2. Nunca dê, como seu, o endereço da corretora ou distribuidora com a qual estreja operando.
3. Esteja atento aos extratos de custódia que lhe são enviados.
4. Caso não receba os extratos mencionados, entre em contato com a instituição para corrigir o erro.
5. Caso observe alguma alteração indevida na sua conta de custódia, procure a corretora ou distribuidora responsável para obter os esclarecimentos.
6. Caso o problema não seja sanado rapidamente, procure a CVM, através da Superintendência de Proteção e Orientação a investidores.

ÍNDICES DE AÇÕES

Dizer que a Bolsa subiu ou caiu não significa que todas as ações se movimentaram do mesmo modo. Significa apenas que essa foi a medição dada pelo "placar" do mercado. A movimentação do mercado de ações é medida por uma variedade de índices que se baseiam em carteiras virtuais de papéis, escolhidos de acordo com critérios preestabelecidos, como volume de negócios, tamanho da empresa, setor da economia etc.

Os índices servem como ponto de referência (*benchmark*) para medir determinado mercado e cumprem, basicamente, três objetivos: demonstram a variação de preços do mercado, oferecem um parâmetro para a avaliação da performance dos portfolios e podem servir como instrumentos de negociação no mercado futuro.

IBOVESPA

No Brasil, o índice de ações mais famoso e mais representativo é o Ibovespa, calculado diariamente em tempo real e formado pelas ações mais negociadas da Bolsa de Valores de São Paulo.

O Ibovespa é o valor atual, em moeda corrente, de uma carteira teórica de ações constituída em 2 de janeiro de 1968 (valor base: 100 pontos), a partir de uma aplicação hipotética.

Extremamente confiável e com uma metodologia de fácil acompanhamento pelo mercado, o Índice Bovespa representa fielmente o comportamento médio ponderado das principais ações transacionadas nos pregões da Bovespa.

Para fazer parte da carteira teórica do Índice, a ação precisa ter cumprido, nos últimos 12 meses, três requisitos:

1. Ter atingido boa liquidez medida através de índice de negociabilidade.
2. Ter sido negociada em mais de 80% dos pregões do período.
3. Ter participação de, pelo menos, 0,1% do giro total da Bolsa.

A ação que deixar de cumprir dois desses critérios sai do índice.

A participação de cada ação na carteira tem relação direta com a representatividade desse título no mercado à vista em termos de número de negócios e volume em moeda corrente, ajustado ao tamanho da amostra; ou seja, quanto maior o volume de negócios, maior a participação no índice.

Para que a representatividade do índice se mantenha ao longo do tempo, quadrimestralmente é feita uma reavaliação do mercado – sempre com base nos 12 meses anteriores – na qual se identificam as alterações na participação relativa de cada ação. Feito isso, monta-se uma nova carteira, atribuindo-se, a cada papel, um novo peso, segundo a distribuição de mercado, apurada pelo estudo de reavaliação.[14]

Ao lado do Ibovespa, existem outros índices importantes no mercado brasileiro e no mercado internacional, conforme demonstrado no Quadro 3.11.

Os índices informam a situação geral do mercado e revelam as tendências como um todo. Se a economia está indo bem, a maioria dos preços das ações tende a subir, caracterizando um **"mercado em alta"**. Se vai mal, os preços tendem a cair em conjunto, caracterizando um **"mercado em baixa"**.

---

[14] No site www.bovespa.com.br é possível verificar detalhadamente a metodologia de cálculo do Ibovespa.

QUADRO 3.11

ÍNDICES DA BOVESPA		
ÍNDICE	SIGNIFICADO	DEFINIÇÃO
IBrX 100	Índice Brasil	Mede o retorno de uma carteira teórica composta por 100 ações selecionadas entre as mais negociadas na Bovespa em termos de número de negócios e volume financeiro, ponderadas no índice por seu respectivo número de ações disponíveis à negociação no mercado. A carteira teórica do índice tem vigência de quatro meses, vigorando para os períodos de janeiro a abril, maio a agosto e setembro a dezembro. Ao final de cada quadrimestre, a carteira é reavaliada utilizando-se os procedimentos e critérios integrantes dessa metodologia.
IGC	Índice de Ações com Governança Corporativa Diferenciada	Mede o desempenho das ações de empresas listadas no Novo Mercado e nos níveis 1 e 2 de governança corporativa da Bovespa.
ITAG	Índice de Ações com Tag Along Diferenciado	Mede o desempenho das ações de companhias que concederam aos acionistas não controladores ou minoritários o direito de receber proposta de compra de ações em caso de mudança de controle em condição melhor do que a preconizada pela Lei das Sociedades Anônimas (Lei n. 6.404, 15/12/76).
ISE	Índice de Sustentabilidade Empresarial	Mede o desempenho de ações de empresas que atendem critérios de sustentabilidade econômica, social e ambiental.
IEE	Índice de Energia Elétrica	Mede o desempenho das ações de empresas do setor elétrico.
ITEL	Índice de Telecomunicações	Mede o desempenho de ações de empresas do setor de telecomunicações.

ÍNDICES MUNDIAIS

ÍNDICE	SIGNIFICADO	DEFINIÇÃO
DJIA	Dow Jones Industrial Average	Este índice compreende 30 ações que representam empresas líderes em grandes setores. Essas ações são amplamente possuídas pelo mercado e são todas blue chips. É o mais importante indicador do desempenho da Bolsa de Valores de Nova York. Foi introduzido em 1896 por Charles H. Dow, sendo a mais antiga medida utilizada continuamente do mercado acionário.
S&P 500		É um índice bastante utilizado para medir a performance das chamadas *large caps* (empresas de alta capitalização bursátil) nos Estados Unidos. As empresas que compõem o S&P 500, quando somadas, representam mais de US$1 trilhão.
NYSE Composite		Mede a variação no valor agregado de mercado de todas as ações (common stocks) da Bolsa de Nova York, ajustados para eliminar os efeitos de variações de capitalizações, novas empresas listadas e empresas que deixam de ser negociadas na NYSE. O valor de mercado de cada empresa é calculado multiplicando-se o preço pelo número de ações listadas. Além disso, são calculados quatro subgrupos de índices – indústria, transportes, utilidade pública e finanças.
Nasdaq 100		Este índice mede a performance das 100 maiores empresas não-financeiras (domésticas ou não) listadas no Nasdaq. Cada papel é ponderado de modo a não exercer um peso dominante no índice. Engloba empresas de setores variados, como equipamentos de computador, software, telecomunicações, comércio e biotecnologia.

CAPÍTULO 4

Perfil do investidor

TOLERÂNCIA AO RISCO

A parcela inesperada do retorno representa o verdadeiro risco de qualquer investimento. Sempre que se recebe exatamente o que se espera, o investimento é perfeitamente previsível e, por definição, livre de risco. Em outras palavras, o risco de se possuir um ativo decorre de surpresas e eventos inesperados.

O investimento em ações é considerado investimento de risco porque não existe forma de garantir o rendimento do capital investido no mês, no semestre ou no ano, já que se trata de renda variável.

O grau de aversão ao risco depende das características pessoais do investidor e de seu momento de vida. Antes de montar sua estratégia, o investidor deve estar consciente da capacidade de suportar eventuais perdas ou oscilações de patrimônio.

Os três tipos mais comuns de investidor são:

CONSERVADOR	MODERADO	ARROJADO
Procura preservar capital	Não hesita nas decisões e busca performance	Procura ganhar dos indicadores

Para o investidor mais **conservador**, quanto mais seguro o investimento, melhor. Ele não tem pressa de obter os ganhos, desde que venham de pouquinho em pouquinho. Se houver alguma perda, que seja a menor possível, e, de preferência, nula. Normalmente, os investidores conservadores buscam investimentos que possuam retorno de médio e/ou longo prazo.

O investidor, com pressa de retornos maiores em curto período de tempo, abre mão da segurança e prefere enfrentar um risco de perda maior, contanto que obtenha retorno proporcional ao risco enfrentado. Esses investidores são os **arrojados**, que assumem o risco para obter um retorno maior.

Entre os dois extremos de investidores, conservadores e arrojados, distribuem-se diferentes perfis com níveis diferenciados quanto à preferência ou à aversão ao risco. Localizando-se bem no centro da distribuição encontra-se o investidor com perfil moderado. É aquele que possui características tanto conservadoras quanto agressivas e tenta equilibrá-las para, de certa forma, se proteger, por um lado, de um risco que assume do outro.

Como os mercados de renda variável operam com doses variáveis de incerteza, independentemente do tipo de investidor, reduzir as sensações de otimismo e pessimismo a números representa uma tentativa de racionalização que apenas auxilia na decisão de aplicar ou não aplicar. Busca-se, constantemente, um valor ou uma expectativa matemática de resultado.

Muitos investidores se baseiam em impulsos e intuição, e esperam que a sorte bata à porta; outros, bem-sucedidos, sentem-se satisfeitos quando acertam uma operação lucrativa. Daí vem a idéia equivocada de que Bolsa é jogo, é cassino. Quando o investidor não tem objetivo, estratégia e disciplina, as decisões são tomadas por impulso, na base da emoção! Nesse caso, as pessoas acabam virando "torcedoras" de suas ações e se comportando como jogadores, de modo que, quando se ganha, "joga-se" de novo e, quando se perde, vai-se em busca do prejuízo de forma indisciplinada. No entanto, se há algo de consistente no comportamento dos investidores de sucesso é o fato de operarem segundo um planejamento. Para isso, estipulam seus riscos, definem suas estratégias e, de forma disciplinada, buscam seus objetivos. O investidor prudente deve avaliar constantemente as informações divulgadas, buscando complementar as análises individuais de ações com uma visão panorâmica das tendências do mercado. As principais influências estão nos indicadores relacionados a seguir.

QUADRO 4.1

INDICADORES	ANÁLISE
TAXA DE JUROS	A queda da taxa de juros é boa para o mercado de ações, pois há estímulo ao consumo e, consecutivamente, as empresas tendem a produzir mais, gerando lucros maiores.
INFLAÇÃO	O aparecimento da inflação cria temor de recessão, influenciando negativamente o preço das ações.
LUCRO POR AÇÃO/ DIVIDENDO	O investidor se interessa relativamente pelo resultado econômico de seus investimentos em ações. Lucros baixos e políticas de dividendos de baixo retorno levam ao desinteresse dos investidores por ações.
PRESSÕES DE COMPRA E VENDA	Grandes investidores (geralmente fundos) são capazes de pressionar grandes volumes de compra e venda, influindo decisivamente nos preços, especialmente em mercados menos líquidos.
MOVIMENTO DO ÍNDICE	Grandes variações nos índices de Bolsa sugerem mercados nervosos, volatilidade e oportunidades de compra e venda.
MOVIMENTO DE OUTRAS BOLSAS	As variações de cotações nas grandes Bolsas mundiais podem afetar os preços das Bolsas em geral.

Fonte: Adaptado de Cavalcante, Misumi e Rudge. *Mercado de Capitais. O que é, como funciona.*

Após a análise desta e de outras informações, cabe ao investidor refletir e planejar:

FIGURA 4.1

INVESTIDOR X ESPECULADOR

Como qualquer outra atividade econômica e social, a Bolsa de Valores forjou seus tipos humanos: figuras, personagens que lhe são próprias, reconhecidas como tal. Dentre estas, duas se destacam: **a do investidor e a do especulador**. Contudo, é difícil traçar uma linha divisória entre ambas as atividades, visto que a todo momento um invade a seara do outro.

O investidor prioriza preservar seu capital, seu patrimônio; o especulador quer aumentá-lo ao máximo possível, em um só lance de audácia e suspicácia, conspirando, muitas vezes, para que isso aconteça.

Em relação ao temperamento, pode-se dizer que o investidor inclina-se pela segurança do negócio, põe suas fichas no que lhes parece ser o mais certo, o de retorno mais garantido, sem se atrever aos sustos do inesperado, exatamente ao contrário do especulador, que vive em torno do incerto, atraído pelo arriscado, pelo temerário. Tanto um quanto o outro são as duas faces da mesma atividade.

Para exemplificar melhor, podemos citar dois grandes nomes do mercado financeiro que acumularam fortuna com estratégias completamente diferentes. De um lado encontra-se Warren Buffet, um dos homens mais ricos do mundo, analisando cada empresa das quais comprou ações com foco no longo prazo; de outro lado está George Soros, que ganhou notoriedade como um grande especulador, que apostava em posições de curto prazo.

FIGURA 4.2

Ainda que alguns traços biográficos aproximem Soros e Buffet, as estratégias de investimento, e as percepções de risco e valor, os mantém em cantos opostos. Veja no Quadro 4.2 a bibliografia, as estratégias, as diferenças e as semelhanças de cada um deles.

QUADRO 4.2

	WARREN BUFFETT	**GEORGE SOROS**
Biografia	Aos 11 anos, na corretora do pai, fez sua primeira aquisição de ações. Frequentou Wharton, prestigiosa faculdade de Administração e Finanças, e a universidade de Nebraska. Transferiu-se para a universidade Columbia, em Nova York, a fim de ter aulas com Benjamin Graham, estudioso de avaliação de ações. Obteve diploma em Economia em 1951. Com apenas US$100 próprios e US$105 mil em recursos de terceiros, abriu sua primeira empresa de investimentos, em 1956. Em 1965, assumiu o controle da Berkshire Hathaway, uma decadente indústria têxtil. Muitos anos depois, fechou o negócio, mas conservou o nome sob o qual ainda hoje abriga múltiplas participações acionárias em empresas como Coca-Cola, American Express, Gillette e *The Washington Post*. A estratégia de privilegiar negócios sólidos foi fortalecida a partir de 1967, quando adquiriu suas duas primeiras seguradoras. Com outras compras no setor, viriam a ser 38 em 2004. O modelo de negócios de seguros provê farta liquidez para que assuma posições em empresas de setores diversos.	Aos 14 anos, sobreviveu à ocupação nazista da Hungria. Aos 17, emigrou sozinho para a Suíça e, depois, para a Inglaterra, onde se graduou em Economia pela London School of Economics. Para se manter, foi garçom e carregador de estação ferroviária. Após a formatura, teve breve experiência no centro financeiro londrino como trainee de arbitragens em ouro. Em 1956, emigrou para os Estados Unidos e fez carreira em Nova York como analista de valores mobiliários, especializado em papéis europeus – uma raridade na época. Em 1969, com o primeiro parceiro, Jim Rogers, iniciou a trajetória como gestor independente. A partir de 1979, desenvolveu uma ação como filantropo, destinando recursos próprios à promoção das liberdades políticas e econômicas, especialmente no Leste Europeu. Em 1999, afastou-se em definitivo do dia a dia dos negócios, dedicando-se ao debate de questões tão diversas quanto o sistema financeiro internacional, as fontes alternativas de energia (investe em etanol, inclusive no Brasil) e os rumos do governo Bush.
Estratégia	É um investidor fundamentalista, conservador e avesso a riscos, trabalhando sempre a horizonte de longo prazo. Estuda com afinco as informações dos balanços financeiros, a posição da empresa no segmento, potencial de crescimento e competitividade. Conhecido como "sábio de Omaha", nome da cidade onde nasceu, Buffett diz que, no mercado de ações, "a diversificação é uma proteção contra a ignorância".	Recorria ao mercado de crédito quando necessário, buscando posições especulativas e de curto prazo, ou seja, agia com ações rápidas, comprando na baixa e vendendo na alta, muitas vezes no mesmo dia. Com hipóteses sobre a evolução dos fundamentos macroeconômicos, sangue-frio e forte intuição para bancar apostas, mesmo quando contrariam a percepção geral de investidores, Soros também acredita nos mercados de moedas.

	WARREN BUFFETT	**GEORGE SOROS**
Melhor momento	Em 1988, comprou ações da Coca-Cola em um período de grandes transformações administrativas na empresa, que andava em baixa junto aos investidores. Percebeu que a famosa marca estava prestes a iniciar um ciclo virtuoso. Além dos dividendos, obteve, desde então, um retorno anual composto de quase 30%.	Em 1992, lucrou US$1 bilhão em uma combinação de posições contra a libra esterlina. Passou a ser conhecido como megaespeculador com alcance global, despertando suspeitas entre alguns líderes políticos, como o então primeiro-ministro malaio Mahatir Mohamad, que se referiu a Soros como um dos "salteadores da economia global" durante a crise da Ásia (1997).
Pior momento	Apenas em 1985, vinte anos após assumir controle da empresa, decidiu fechar a indústria têxtil Berkshire Hathaway, que sobrevive apenas do nome da holding de participações. Premido pela competição externa e por margens cada vez mais estreitas, o negócio não se mostrou viável ao longo de anos, mas Buffett, por teimosia afetiva, negava-se a liquidá-lo.	Perdeu centenas de milhões de dólares no *crash* da Bolsa de Nova York, em 1987, acreditando que forte desvalorização acionária ocorreria não nos Estados Unidos, mas no mercado japonês, o que não se confirmou na época. Na crise da Rússia, em 1998, perdeu ainda mais: US$2 bilhões.
Frase	"Junte uma carteira de empresas cujos lucros marcham para cima ao longo dos anos, e o valor de mercado da carteira marchará junto."	"A sobrevivência no mercado financeiro às vezes implica bater rapidamente em retirada."
Em comum	Buffett e Soros nasceram no mesmo ano (1930), no mesmo mês (agosto) e, por um bom tempo, ambos foram casados com mulheres de mesmo nome (Susan). Separados por milhares de quilômetros, ambos experimentaram dificuldades na juventude. Buffett sentiu na pele os efeitos da Grande Depressão (a partir de 1929) nos negócios do pai, um corretor de ações, enquanto Soros, de família judaica, espelhou-se nas lições do pai, excêntrico entusiasta do esperanto, para sobreviver ao ano de ocupação nazista na Hungria.	

Fonte: Adaptado de *Estadão Investimentos*. Ano 5. Número 15. Luis Eduardo Leal.

Apesar das diferenças, ambos são proficientes em suas áreas de excelência. Soros, com suas grandes hipóteses sobre a evolução dos fundamentos macroeconômicos globais, sangue-frio e forte intuição para bancar apostas alavancadas, mesmo quando contrariam a percepção geral do mercado, e Buffett, com sua capacidade de ler de forma distintiva balanços contábeis e de definir preços justos, assim como a trajetória de uma ação, em função dos fundamentos e da solidez de uma empresa e das perspectivas do setor que atua.

Vale lembrar que especular e especulador são termos com diferentes significados. Para um gestor alavancado ou operador de derivativos,[1] o especulador é aquele que toma os riscos do produtor, gerando a indispensável liquidez e sistematização de preços que construíram os mercados futuros. Já em um discurso político, a especulação adquire sua pior conotação: a de exploração das massas e dos desavisados. Desse modo, o conceito exato merece maior atenção por parte dos diferentes participantes, gestores e fiscais dos mercados financeiros.

Os especuladores sofrem algumas "penalizações" com suas operações. Nem todo investidor que opera no *day trade* é um especulador, mas as taxas da Bovespa para operações *day trade* são maiores, a alíquota de imposto de renda para operações *day trade* são superiores à alíquota de imposto de renda para operações finais. Além disso, na realização de ofertas públicas, a Bovespa está classificando o investidor, dando prioridade no rateio para os investidores que não se desfizeram de suas posições no dia seguinte à estreia das ações das ofertas públicas anteriores. Mas não tem jeito! O que seria do mercado sem especulação? O especulador é fundamental, é ele quem dá liquidez ao mercado, criando, constantemente, boas oportunidades de negócio.

---

[1] Instrumentos financeiros que derivam de um ativo real, como ações, commodities (produtos agrícolas, minerais etc.), câmbio, juros e mais uma série de instrumentos mais "sofisticados", criados pelo mercado.

CAPÍTULO 5

Como analisar o mercado de ações

Um dos mais importantes determinantes do sucesso dos melhores investidores no mercado de ações é a capacidade de analisar as ações de forma apropriada e de entrar e sair do mercado no momento certo.

A partir do momento em que o perfil de investidor está definido, a situação financeira e patrimonial está analisada, foi verificado qual risco está disposto a correr, por que prazo pode investir e qual o seu objetivo de rentabilidade, ele estará pronto para analisar os vários fatores que afetam o comportamento das ações.

Existem duas correntes ou "escolas" básicas de análise do mercado de ações: a escola fundamentalista, mais indicada para o médio e o longo prazos, e a escola técnica ou gráfica, mais recomendada para visões de curto prazo.

ESCOLA FUNDAMENTALISTA

A escola fundamentalista analisa os fundamentos da empresa por meio da análise financeira e da análise fundamentalista.

Análise Financeira

A análise financeira ajuda a determinar a qualidade de uma empresa, baseando-se, sobretudo, na análise das demonstrações financeiras que indicam a posição financeira atual e a perspectiva para o futuro. Essas demonstrações financeiras não garantem o desempenho futuro da empresa, mas podem dar segurança quanto a sua capitalização, capacidade de gerar lucros etc.

As principais demonstrações financeiras de uma empresa são: balanço patrimonial e demonstração de resultados.

Balanço patrimonial

O balanço é composto por três itens: ativo, passivo e o patrimônio líquido.

Ativo

O ativo mostra o que a empresa possui. Representa todos os itens ou bens da empresa que são usados em suas atividades. Podemos citar como componentes do ativo de uma empresa: caixa, estoques, créditos, imóveis, equipamentos, investimentos etc.

Passivo

Para manter o ativo, existem duas fontes de recursos: os recursos dos acionistas que oferecem dinheiro em troca de uma participação nos lucros futuros da empresa e os recursos dos credores, que podem ser: os bancos, ao financiarem os projetos da empresa; os funcionários, que só recebem após ter trabalhado um mês inteiro; o governo, que só cobra os impostos após as vendas, e os fornecedores, que vendem a prazo para a empresa. A esses recursos de credores chama-se Passivo.

Patrimônio líquido

Pode-se dizer que o patrimônio líquido equivale à parte do financiamento feita por acionistas, enquanto o passivo é igual à parte feita por terceiros. O conceito de "balanço patrimonial" vem do "equilíbrio" das contas da empresa, pois o ativo deve ser sempre igual à soma do passivo com o patrimônio líquido.

FIGURA 5.1

O balanço patrimonial apresenta uma fotografia da empresa em determinada data;[1] por exemplo, o balanço do primeiro trimestre apresenta os valores correspondentes a cada conta no último dia desse período, 31 de março.

Demonstração de resultados

A demonstração de resultados detalha e quantifica o que a empresa recebe, suas receitas, quanto gasta por meio das despesas e o resultado líquido dessas operações, que representará lucro ou prejuízo.

A demonstração de resultados é organizada de acordo com o processo de produção da empresa, conforme o Quadro 5.1.

Ao contrário do balanço, que representa uma fotografia das atividades da empresa em data específica, a demonstração de resultados representa uma fotografia de suas atividades durante o período a que se refere, ou seja, a demonstração de resultados do primeiro trimestre traz o resultado acumulado no trimestre. A conta Vendas, por exemplo, traz todas as vendas executadas durante todo o trimestre, e não somente no último dia do trimestre.

---

[1] Normalmente os balanços das companhias com capital aberto são emitidos trimestralmente.

QUADRO 5.1

Demonstração do Resultado do Exercício – DRE

+ RECEITAS BRUTAS DA EMPRESA	O que a empresa recebe pelos produtos que vende.
– CUSTO DE PRODUTOS VENDIDOS	Despesas diretamente ligadas à produção (matérias-primas, custo de energia etc.).
– DESPESAS GERAIS E ADMINISTRATIVAS	Despesas indiretamente ligadas à produção (gastos com funcionários, despesas administrativas e de vendas).
– DESPESAS FINANCEIRAS LÍQUIDAS	Juros relacionados à dívida que a empresa levanta para financiar suas atividades.
= RESULTADO OPERACIONAL	Lucro/perda gerado pelas atividades (ou operações) da empresa.
+ RESULTADO NÃO OPERACIONAL	Soma das receitas e despesas não diretamente vinculadas às atividades da empresa, tais como ganhos ou perdas na compra de ativos ou venda de ativos.
= LUCRO OU PREJUÍZO ANTES DOS IMPOSTOS	
– IMPOSTOS E CONTRIBUIÇÕES PAGAS	Equivale a deduções de imposto de renda etc.
= LUCRO LÍQUIDO	É igual aos ganhos ou perdas líquidas da empresa no exercício. É a parcela do lucro disponível aos acionistas. Dependendo da política da empresa, ela pode reinvestir os lucros na empresa ou distribuir parte desses lucros na forma de dividendos aos acionistas.

Fonte: Adaptado de guia do site InfoMoney – Como Avaliar o Mercado de Ações.

Análise Fundamentalista

A análise fundamentalista é o estudo de toda a informação disponível no mercado sobre determinada empresa, com a finalidade de obter seu verdadeiro valor, seu preço justo, e, assim, formular uma recomendação de investimento. O analista resume e analisa a informação. Ele parte do passado e trata de predizer o futuro para dar sua opinião. Segundo Pinheiro,[2] o objetivo principal dessa análise é avaliar o comportamento da empresa visando a determinação de seu valor.

Para determinar o "preço justo"[3] de um ativo, os analistas realizam a projeção das diversas variáveis do ambiente macroeconômico e setorial que afetam a companhia. Por exemplo, se uma petroquímica paga a matéria-prima em dólar e não consegue repassar a variação da moeda para seus preços, certamente terá problemas no faturamento.

Por outro lado, se uma siderúrgica opera no limite de sua capacidade, é possível prever que as vendas tenderão a ficar estáveis. Mas caso ela anuncie investimentos em uma nova usina, é possível que o faturamento suba no futuro e as ações no mercado, provavelmente, acompanharão tal movimento.

Diante disso, o preço justo é o preço em volta do qual o preço de mercado[4] oscila ao longo dos anos. O preço cotado em Bolsa, que é o preço de mercado, tanto pode ficar acima do preço justo, apresentando um prêmio, como abaixo, configurando um desconto. Dificilmente os dois preços irão coincidir. O investidor deve tomar o preço justo como referência.

Há alguns métodos para avaliação de investimento em ações pela análise fundamentalista. Abordaremos neste livro o método do fluxo de caixa descontado e dos múltiplos do mercado.

Método do Fluxo de Caixa Descontado – FCD

O método do fluxo de caixa descontado, no sistema fundamentalista, determina o valor real de uma ação por meio do cálculo do valor presente da

---

[2] Juliano Lima Pinheiro, autor do livro *Mercado de Capitais. Fundamentos e Técnicas.*
[3] Também conhecido como valor real ou preço-alvo.
[4] Para calcularmos o valor de mercado de uma empresa, basta multiplicar o preço da ação cotada em Bolsa pelo número de ações da empresa.

futura geração de caixa esperada pela companhia. Em geral, os analistas fazem uma projeção do fluxo de caixa da empresa por determinado período, que é descontado a valor presente por uma taxa de juros que incorpora o risco do investimento da empresa.

O cálculo exige uma análise elaborada e cuidadosa. Para projetar o fluxo de caixa, os analistas estudam os fundamentos da companhia e do mercado, como taxas de juros, câmbio, projeção de crescimento das vendas do setor e da economia como um todo, por meio do Produto Interno Bruto (PIB).

O cálculo deve utilizar uma taxa de desconto referente ao custo de capital empregado pelos credores e acionistas. São contas complexas e subjetivas, baseadas em teorias de finanças, e que dependem não só do domínio da técnica, mas também da experiência do analista e da qualidade das informações oferecidas pela empresa.

Considerando que as empresas não possuam prazo de vida determinado, dado o princípio da continuidade, o cálculo de seu valor é baseado na estimativa de fluxos infinitos.

Dessa forma, o valor em um instante de tempo ("t") é o somatório dos valores presentes dos fluxos futuros, descontados por uma taxa que representa a taxa de retorno requerida.

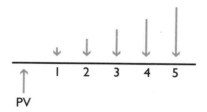

Valor da Empresa = Valor Presente do seu Fluxo de Caixa Futuro

FIGURA 5.2

O cálculo para avaliação por Valor Presente dos Fluxos de Caixa (VPFC) é definido pela seguinte fórmula:

$$VPFC = \sum_{t=1}^{n} \frac{FC_t}{(1+r)^t}$$

em que:
VPFC = Valor Presente dos Fluxos de Caixa
t = período estimado
r = taxa de desconto
FC_t = Fluxo de Caixa no período t

$$\text{Preço justo da ação} = \frac{\text{Valor da empresa}}{\text{Quantidade de ações}}$$

Critério de decisão

O monitoramento do preço justo permite saber quando comprar, quando vender, quando não comprar e quando não vender, bastando comparar o preço obtido com a cotação atual da ação no mercado. Então:

Preço de mercado muito próximo ao preço justo da ação	Não justifica compra nem venda
Preço de mercado abaixo do preço justo da ação	Justifica compra
Preço de mercado acima do preço justo da ação	Justifica venda

O preço justo é resultado de uma avaliação individual e pode variar de um analista para outro, pois as variáveis consideradas não serão as mesmas. Por esse motivo as expectativas no mercado de ações são diferentes; caso contrário, se o preço justo fosse igual ao preço de mercado, não haveria o dinamismo especulativo.

MÉTODO DE AVALIAÇÃO POR MÚLTIPLOS

A análise "por múltiplos ou quantitativa" leva em conta o desempenho da ação no mercado como parâmetro de comparação com os resultados esperados da empresa. Apesar de contestada, é bastante difundida. O raciocínio básico é extremamente simples:

- Calcula-se os múltiplos, que são números que relacionam o preço da ação na Bolsa de Valores e um indicador financeiro.[5] A partir daí verifica-se:

---

[5] Exemplos de indicadores financeiros: lucro da empresa, lucro por ação, valor patrimonial da ação, dividendos pagos por ação etc.

Se as ações apresentarem múltiplos favoráveis estarão subavaliadas em relação àquelas de múltiplos desfavoráveis por proporcionarem retorno em menor tempo. São opções de compra.

Se as ações com múltiplos desfavoráveis estão superavaliadas. São opções de venda.

Os múltiplos mais utilizados no mercado são:

RETORNO SOBRE O PATRIMÔNIO LÍQUIDO

$$\text{Retorno sobre o Patrimônio Líquido} = \frac{\text{Lucro Líquido}}{\text{Patrimônio Líquido}}$$

DEFINIÇÃO: Compara o lucro da empresa com o capital próprio. Procura avaliar se a empresa está gerando boa rentabilidade para os recursos dos acionistas.

CRITÉRIO DE AVALIAÇÃO: Quanto maior, melhor.

DIVIDEND YIELD

$$\text{Dividend Yield} = \frac{\text{Dividendos}}{\text{Preço da ação}}$$

DEFINIÇÃO: É o rendimento gerado para o dono da ação pelo pagamento de dividendos. Revela a porcentagem do preço da ação que voltou ao acionista sob a forma de dividendos, no último balanço.

CRITÉRIO DE AVALIAÇÃO: Quanto maior, melhor.

Observe o seguinte exemplo:

Um investidor fez uma única compra de R$1 mil em ações da Empresa ABCD. Manteve essas ações até o momento de receber dividendos de R$80, o que representou 8% sobre o capital investido. O reinvestimento desse montante na compra de mais ações resultará em mais dividendos. Dessa forma, é evidente a maximização dos ganhos, pois o retorno do investidor é composto pelo *dividend yield* e pela valorização da cotação. Daí a importância de se manter empresas saudáveis e lucrativas em carteira.

Para fins de cálculo, se o investidor permanecer comprando a mesma ação em várias cotações diferentes, deverá utilizar o preço médio ponderado entre o preço e a quantidade para calcular o "preço da ação", que deverá ser colocado no denominador, no lugar do preço da ação.

LUCRO POR AÇÃO

$$\text{Lucro por ação} = \frac{\text{Lucro Líquido}}{\text{Quantidade de ações emitidas}}$$

DEFINIÇÃO: Indica qual foi o lucro líquido gerado para cada ação.

CRITÉRIO DE AVALIAÇÃO: Quanto maior, melhor.

PREÇO/LUCRO (P/L)

$$\frac{P}{L} = \frac{\text{Preço da ação}}{\text{Lucro anual por ação}}$$

DEFINIÇÃO: Mostra em quanto tempo (anos) a ação se paga se ela mantiver o lucro informado e a política de remuneração dos acionistas.

CRITÉRIO DE AVALIAÇÃO: Quanto menor o índice, mais barata será a ação em relação a seu lucro.

O índice Preço/Lucro (P/L) é um dos principais indicadores de referência de valorização do mercado. É aceito internacionalmente e tem a vantagem de ser o balizador mais simples para acompanhar a valorização de índices de ações ou ações. Um P/L decrescente indica que o lucro das empresas crescerá proporcionalmente mais do que o preço das ações. Nesse caso, trata-se de boa notícia para quem quer comprar ações. Estão mais "baratas".

O Quadro 5.2 mostra um exemplo de como é calculado o lucro por ação e o P/L.

QUADRO 5.2

EMPRESA – BANCO X	
Cotação em 29/01/09	R$48,00
Lucro – 2008	R$7.210.000.000
Quantidade de ações	2.018.673.956
Lucro por ação estimado	3,57
P/L	13,44

Na análise por múltiplos, o investidor deve comparar os indicadores da ação desejada com os de empresas similares, ou seja, que atuem no mesmo segmento de mercado.

QUADRO 5.3

EMPRESA – BANCO Y	
Cotação em 29/01/09	R$38,00
Lucro – 2008	R$3.504.000.000
Quantidade de ações	1.023.663.754
Lucro por ação estimado	3,42
P/L	11,10

Comparando o P/L do Banco X (R$13,44), com o P/L do Banco Y (R$11,10), é fácil observar que a ação do Banco Y está mais atrativa, pois apresenta P/L menor.

O P/L também pode servir de parâmetro para a mesma empresa, pois é possível monitorar o P/L histórico de uma ação ao longo do tempo. Veja o Quadro a 5.4.

QUADRO 5.4

EMPRESA – BANCO Y	
Cotação em 29/01/08	R$28,00
Lucro – 2007	R$2.785.000.000
Quantidade de ações	1.023.663.754
Lucro por ação estimado	2,72
P/L	10,29

A ação do Banco Y está "mais cara" em relação a ela mesma, pois, em 29/01/08, o P/L era de 10,29, enquanto em 29/01/09, o P/L está mais alto, no valor de 11,10.

A avaliação por múltiplos jamais deve ser analisada isoladamente, e trata-se de uma boa ferramenta de análise do passado e do presente, mas não do futuro, por não levar em consideração os projetos futuros da empresa.

ESCOLA TÉCNICA

Análise técnica

A análise técnica não está preocupada com os fundamentos da empresa nem com o desempenho financeiro, endividamento ou expectativa de lucros. Seu foco está centrado no comportamento dos preços das ações. Ela é o estudo da dinâmica do mercado por meio dos sinais que o próprio mercado emite. Segundo a análise técnica, os gráficos espelham o comportamento da massa.

Os analistas técnicos acreditam que todos os fatores que podem influenciar o preço de determinado produto são descontados pelo mercado no processo contínuo de negociação que determina esse preço. Mesmo que alguém tenha conhecimento de todos os fatores fundamentais, informações privilegiadas ou mesmo variantes psicológicas que afetam o preço de uma ação, ainda assim não terá todos os dados necessários para compreender a formação dos preços, porque não são esses dados em si que os afetam, e sim, as maneiras como os participantes do mercado reagem a eles.

Construindo gráficos

O analista gráfico precisa visualizar o comportamento dos preços no mercado. Para isso, ele utiliza sua ferramenta mais importante, o gráfico, que serve como um mapa para orientar o processo de tomada de decisão. Por meio da análise do passado, projeta-se o comportamento dos preços no futuro, que, com o passar do tempo, pode se confirmar ou não.

Tipos de gráficos

Existem diferentes tipos de gráficos utilizados na análise técnica. Os mais empregados são o gráfico de linhas, de barras e o de velas (*candles* ou *candlestick*).

Gráfico de linhas

O gráfico de linhas é produzido conectando-se os vários preços de fechamento ao longo do tempo. Esse gráfico não permite a visualização dos preços de abertura, máximo e mínimo.

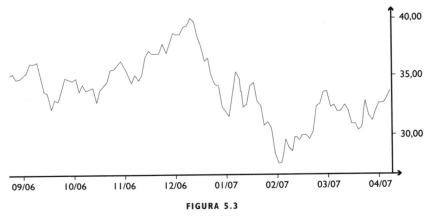

FIGURA 5.3
Exemplo de gráfico de linhas

Gráfico de barras

É representado por uma barra vertical que mostra as quatro mais importantes informações de um período de negociação: o preço de abertura, os valores dos preços máximo e mínimo do período e o preço de fechamento, que é o preço do último negócio do período. É formado por barras que ligam o preço

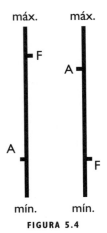

FIGURA 5.4
Informações de um período de negociação

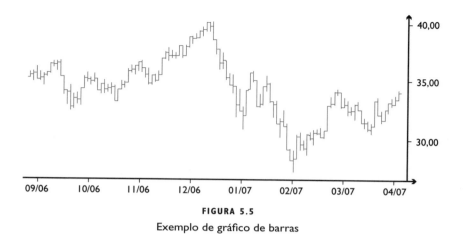

FIGURA 5.5
Exemplo de gráfico de barras

máximo ao preço mínimo de negociação da ação durante o pregão. Um pequeno traço horizontal à direita indica o preço de fechamento e outro traço horizontal à esquerda indica o preço de abertura.

Gráfico de candlestick

O gráfico de *candles*, também chamado gráfico de velas ou candelabro japonês, é muito parecido com o gráfico de barras. A barra do *candlestick* contém as mesmas informações da barra clássica e também incorpora um preço de abertura, um preço de fechamento, a máxima e a mínima.

É composta por duas partes: o corpo e as sombras.

FIGURA 5.6
Exemplo de gráfico de *candlestick*

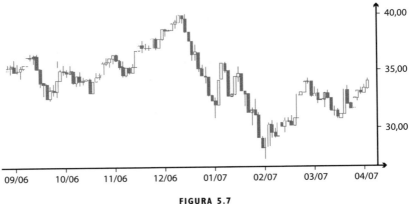

FIGURA 5.7
Exemplo de gráfico de candles

O corpo é a parte entre a abertura e o fechamento; as sombras são os traços que mostram os valores máximo e mínimo que os preços alcançaram ao longo do período analisado.

Contudo, sua construção é diferente. Sempre que o corpo do gráfico de *candle* se apresentar "vazado", apenas com o contorno, a ação, naquele período, terá apresentado valorização em relação ao período anterior; em contrapartida, sempre que o corpo do *candle* estiver "cheio", preenchido ou pintado, isso indica que a ação sofreu desvalorização em relação ao período anterior.

Tempos gráficos

Em um gráfico, temos dois eixos: o eixo vertical, das ordenadas, com os preços, e o eixo horizontal, das abscissas, com o tempo.

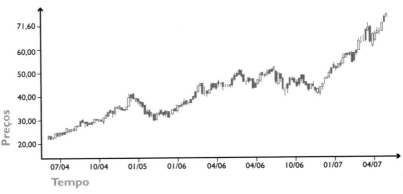

FIGURA 5.8

Comparando tempos gráficos

O eixo do tempo poderá variar entre mensal, semanal, diário e intraday. No *intraday*, podemos calibrar o tempo em horas ou minutos, de acordo com a perspectiva gráfica do investidor. Dessa forma, cada candle representa um período, ou seja, no gráfico diário, cada candle representa um dia; no semanal, cada candle representa uma semana, e assim por diante.

A Figura 5.9 ilustra o comportamento de uma ação durante uma semana, analisada pelo gráfico diário e pelo gráfico semanal. Quanto menor o tempo gráfico, mais detalhado será o comportamento da ação.

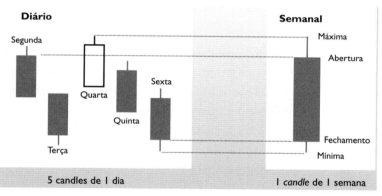

FIGURA 5.9
Gráfico semanal × diário

Na Figura 5.9 observa-se que em uma semana temos cinco dias úteis. Cada *candle* significa um dia da semana, de segunda-feira a sexta-feira. Por meio do gráfico percebe-se que a ação apresentou desvalorização em relação ao dia anterior na segunda, terça, quinta e sexta-feira. Quarta-feira foi o único dia da semana em que a ação apresentou valorização, no caso, em relação à terça-feira.

Na Figura 5.10 observamos o detalhamento por meio do gráfico *Intraday* de 60 minutos do terceiro dia da semana analisada (quarta-feira).

Observe que cada *candle* representa 60 minutos dentro do período de 1 dia, então, dentro do dia, há sete horas de pregão, portanto, são sete *candles* de 60 minutos.

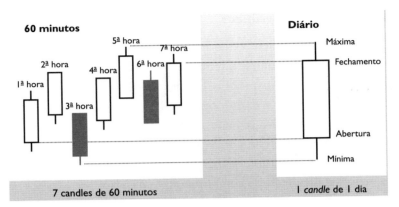

FIGURA 5.10
Gráfico diário × 60 minutos

Através do gráfico diário, verifica-se que a ação encerrou o pregão em alta, apresentando o seguinte comportamento ao longo do dia: alta nas primeiras duas horas; na terceira hora, desvalorização em relação ao fechamento da hora anterior; a ação se valorizou na quarta e quinta hora, sofreu nova desvalorização no fechamento da sexta hora e se valorizou na sétima e última hora do pregão.

Os tempos gráficos refletem o perfil de cada investidor associado ao risco considerado. O objetivo do investidor é conseguir adequar seus objetivos operacionais ao tempo gráfico.

Princípios e definições básicas da Teoria Dow

A escola técnica teve seu início por meio da teoria de Charles Dow,[6] que é composta por alguns princípios básicos:

- A ação do mercado reflete todos os fatores envolvidos no próprio mercado. Ou seja, os preços descontam tudo. Até mesmo catástrofes e calamidades são rapidamente precificados pelo mercado.
- Dow afirma que o mercado possui três tendências (direções) de movimento: **primária**, **secundária** e **terciária**.

---

[6] Criador e editor do *Wall Street Journal*, foi o pioneiro da análise técnica no Ocidente.

Tendências primárias

A tendência primária é a principal de um mercado. É um movimento longo, podendo ser de alta ou de baixa, que leva a uma grande valorização ou desvalorização dos ativos, com duração de um ou mais anos.

Tendências secundárias

Nenhum movimento é contínuo por muito tempo; sempre existe uma tendência secundária que pode durar de três semanas a alguns meses, sendo capaz de corrigir até dois terços da tendência primária da qual ela faz parte.

Tendências terciárias

As tendências secundárias são formadas por movimentos menores, denominados tendências terciárias. Esses pequenos movimentos duram, em média, até três semanas; se comportam em relação às tendências secundárias da mesma maneira que as secundárias em relação às primárias.

Segundo Dow, os mercados com tendências de alta e de baixa se caracterizam pela realização de três fases cada um:

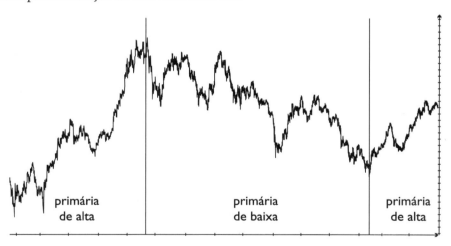

FIGURA 5.11
Exemplos de tendências primárias

Fases do mercado de alta

FASE I. ACUMULAÇÃO: inicia-se quando investidores "sentem" que o mercado está prestes a virar, que os dias de queda estão chegando ao fim. Então, compram, ávidos, todas as ações ofertadas por aqueles investidores mais pessimistas. As notícias ainda são desanimadoras, à medida que refletem o ânimo geral.

FASE II. ALTA: percebe-se movimentos de subida ao analisar o gráfico de tendências terciárias. Logo depois vem a fase na qual se nota a aceleração do movimento e a tendência crescente do lucro das empresas começa a chamar atenção. A pressão compradora aumenta consideravelmente, chegando-se, assim, à terceira fase.

FASE III. EUFORIA: onde os investidores, de maneira geral, estão bastante seguros de seus lucros, há um clima de euforia, seguido pela grande massa, alimentada pelas notícias favoráveis. É nessa fase que o investidor técnico conseguirá obter sua melhor lucratividade, pois ele começa a vender no momento em que ninguém quer vender, depois de ter comprado, quando ninguém queria comprar. No último estágio dessa fase, as ações de menor importância têm grandes saltos em sua cotação, contudo não são acompanhadas pelas ações de primeira linha, que já estão sem fôlego para continuar subindo. Abre-se, então, a possibilidade para que ocorra a fase I do mercado de baixa.

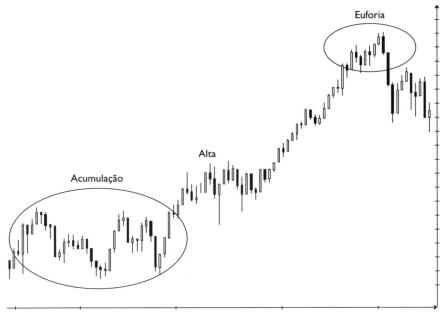

FIGURA 5.12

Fases do mercado de baixa

FASE I. DISTRIBUIÇÃO: os investidores mais preparados, astutos, continuam a se desfazer de suas posições cada vez mais rápido. O volume tende a diminuir nas subidas, e as pessoas começam a mostrar sinais de irritação por não verem concretizar o tão esperado lucro. Inicia-se, assim, a retração.

FASE II. BAIXA: movimento mais lento, caracterizado por vendas desencorajadas de investidores aflitos. As notícias são ruins e as ações de terceira linha já perderam todo o valor que tinham conquistado na fase de alta. Nessa fase, as ações de primeira linha caem mais lentamente, pois os investidores relutam em vendê-las tão "baratas", sendo o estágio final do movimento de baixa concentrado nessas ações.

FASE III. PÂNICO: os vendedores tornam-se mais apressados, e há escassez de compradores. Há acentuado movimento de queda nos preços, com grande aumento no volume. Essa fase pode ser finalizada por uma leve recuperação ou por uma tendência lateral. Com as grandes perdas e ativos muito desvalorizados, a pressão vendedora se dissipa e oportunidades para uma nova alta começam a surgir.

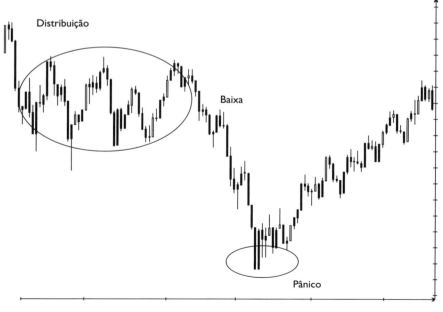

FIGURA 5.13

Críticas à Teoria Dow

Alguns grafistas acreditam que essa teoria seja muito lenta, gerando atraso na compra e na venda, acarretando, assim, diminuição do lucro. Contudo, para rebater essa crítica, os seguidores da teoria relatam que o atraso é proposital, pois Dow nunca teve intenção de "antecipar" as tendências, sendo enfático em afirmar que o investidor deve esperar os sinais de que a tendência mudou.

Ao analisarmos a Figura 5.14, percebemos duas linhas no desenho. Essas linhas nos remetem a um próximo tópico: a definição de suporte e resistência.

FIGURA 5.14

SUPORTE E RESISTÊNCIA

Suportes e resistências são zonas de preços nas quais os movimentos atuais do mercado possuem grandes chances de parar e reverter. São definidos da seguinte forma:

SUPORTE: Região na qual o interesse de comprar é grande. Superando a pressão vendedora, o movimento de queda tende a parar.

RESISTÊNCIA: Região na qual o interesse de vender é grande. Superando a pressão compradora, o movimento altista tende a parar.

Para traçar os suportes e as resistências, faz-se um traço na horizontal para ligar os topos ou os fundos. O melhor suporte é aquele que foi resistência anteriormente, conforme visualizamos na Figura 5.14.

Sempre que os preços chegam às linhas de suporte ou resistência, verifica-se o **teste** do suporte ou da resistência, pois geralmente, ao bater em uma dessas barreiras, os preços tendem a recuar um pouco. Contudo, se os preços ultrapassam, "cruzam" as linhas, diz-se que houve um **rompimento** do suporte ou da resistência. É importante salientar que, quanto mais vezes uma linha de suporte ou de resistência forem testados, mais fortes eles serão.

É no rompimento que está o ponto de entrada e de saída do mercado. Na Figura 5.15 existem dois pontos de entrada onde foram rompidas as resistências.

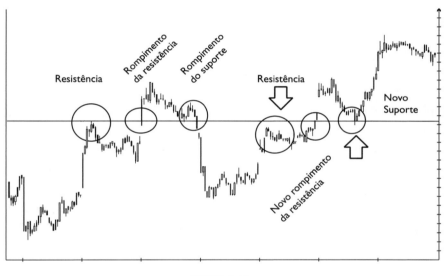

FIGURA 5.15

Não existe nada de mágico com suportes e resistências; o que existe é oferta *versus* demanda e psicologia humana. Em uma alta, conforme os preços aumentam, os ativos vão ficando naturalmente mais caros e menos compradores estarão disponíveis a pagar determinado preço. Os vendedores, pelo contrário, irão querer vender como nunca nesses novos valores, aumentando a oferta e contribuindo para o início da desvalorização (queda). Nesse movimento, quando ocorre o rompimento de um suporte, este tem uma mudança de polaridade, tornando-se um ponto de resistência.

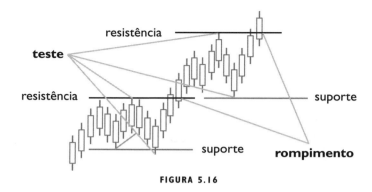

FIGURA 5.16

Negociando com suporte e resistência

A regra para negociar usando suporte e resistência é simples: comprar no suporte e vender na resistência. Essa regra sem sofisticação, mas objetiva, pode tornar um investidor extremamente bem-sucedido se ele conhecer o mercado e tiver uma boa metodologia de operação. Para isso, o investidor deve saber que, muitas vezes, ocorre o rompimento dos níveis de suporte e resistência, sendo importante contar com estratégias para proteção do capital e também para aproveitar esses acontecimentos. Nesse contexto, um ponto relevante é a força do suporte e da resistência. Quanto mais vezes o mercado "tocar" a linha e voltar, mais forte será a confiabilidade da barreira de preços.

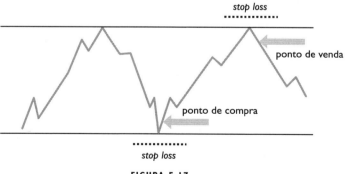

FIGURA 5.17

Outro conceito importante relacionado com zonas de suporte e resistência é o de tendência.

O mercado não se movimenta em linha reta, mas com impulsos e correções com a aparência de um ziguezague. As tendências, sejam elas de alta ou de baixa, desenvolvem-se de acordo com esses formatos.

O interessante sobre tendências (mesmo as de curta duração) é que a análise técnica fornece ferramentas para identificação de pontos de compra e venda. Para isso, são traçadas as linhas de tendência.

Linha de tendência de alta (LTA)

Para traçar uma linha de tendência de alta é preciso unir os pontos inferiores da série de preços em elevação. Para isso, são necessários, no mínimo, dois fundos. A linha formada pela união desses fundos tende a ser uma linha de suporte.

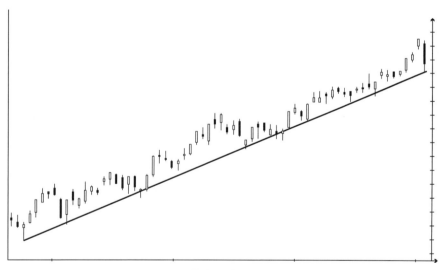

FIGURA 5.18
Linhas de tendências de alta (gráfico de candles)

Linha de tendência de baixa

Para traçar a linha de tendência de baixa basta unir os pontos superiores do movimento de preços em queda. São necessários pelo menos dois topos. A linha formada pela união desses topos tende a ser uma linha de resistência. Ver Figura 5.19.

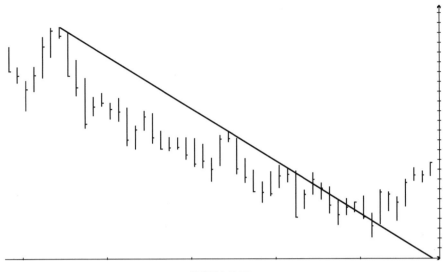

FIGURA 5.19
Linha de tendência de baixa (gráfico de barras)

Negociando com as linhas de tendência

Como se pode perceber, as linhas de tendência oferecem ótimos avisos. Em uma tendência de alta, a linha de suporte formada pode sugerir boas oportunidades de compra. De maneira semelhante, ao se aproximar da linha de resistência esteja preparado para sinais de venda.

Outra variável importante é o volume de negócios. Em uma tendência de alta, o volume normalmente cresce à medida que os preços sobem, afastando-se da linha de tendência, e o volume normalmente decresce quando retornam a ela.

Em uma tendência de baixa, o volume aumenta à medida que os preços caem, afastando-se da linha de tendência, e diminuem quando retornam a esta.

Conclui-se então que um grande volume de negócios em determinado nível de suporte ou resistência é um bom indicador de sua relevância, já que assinala que nesse nível surge um interesse redobrado de negociação, constituindo, por conseguinte, uma real "barreira" para os preços.

Canais

Diversas vezes os preços flutuam dentro de canais, ou seja, concentram-se entre duas linhas de tendência paralelas, uma funcionando como suporte e outra como resistência.

Uma vantagem dos canais sobre as linhas de tendência é que eles oferecem um ponto de entrada e um ponto de saída (os dois limites do canal). Um canal pode ser ascendente ou descendente.

Para traçar a linha de tendência de alta, por exemplo, é necessário ter dois fundos e um topo, sendo o inverso no caso da linha de tendência de baixa, ou seja, dois topos e um fundo. É importante enfatizar que quanto maior o tempo de duração do canal, mais importante ele será. Contudo, como acontece com todas as formações gráficas, em determinado momento ele será rompido. Ver as Figuras 5.20 e 5.21.

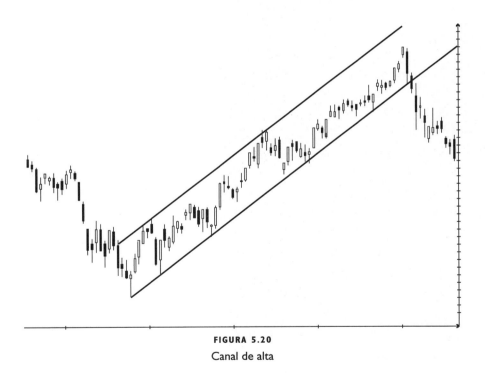

FIGURA 5.20
Canal de alta

FIGURA 5.21
Canal de baixa

DUPLICAÇÃO DE CANAL: Caso o canal de tendência seja perfurado, é possível projetar até onde o movimento deverá prosseguir. Para fazê-lo, basta medir a distância vertical do canal, no local da perfuração, marcar essa distância e traçar uma nova linha paralela, como mostram as Figuras 5.22 e 5.23.

O canal é uma das técnicas mais simples e importantes que existem, e deve ser, preferencialmente, utilizado em conjunto com outras ferramentas técnicas, tornando-se uma arma valiosa em sua estratégia operacional.

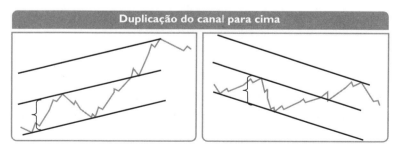

FIGURA 5.22

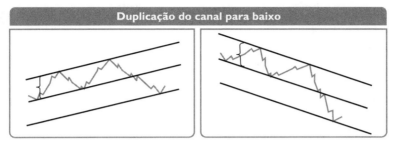

FIGURA 5.23

Indicador técnico

O indicador técnico é uma representação gráfica de uma fórmula matemática que utiliza como dados de entrada o preço, o volume ou os dois juntos. O preço pode ser de abertura, fechamento, máximo ou mínimo.

Os indicadores são plotados junto ao gráfico principal do preço da ação em determinado período de tempo, ajudando a fornecer sinais de compra ou venda, sinalizando a tendência do preço da ação.

Cada indicador é calculado por meio de uma série histórica temporal, utilizando-se determinado número de dias. Quanto menor o número de dias utilizado, mais sensível o indicador será e, quanto maior o número de dias, mais confiáveis os sinais serão. Isso, porém, o tornará mais "lento", retardando a tomada de decisão, correndo-se o risco de perder boas oportunidades. Eles auxiliam na tomada de decisão e devem ser usados junto com outras ferramentas.

Os indicadores técnicos mais conhecidos são Índice de Força Relativa (IFR), Estocástico e Cruzamento de Médias Móveis, dentre outros. Para o investidor iniciante, torna-se complicada a análise apurada de todos os indicadores; assim, abordaremos, neste livro, apenas o indicador de tendência das médias móveis que é objetivo, prático e de fácil compreensão.

INDICADOR DE MÉDIAS MÓVEIS

Esse indicador é um dos rastreadores mais versáteis, sendo amplamente utilizado entre os analistas técnicos. Funciona melhor em mercados com tendências definidas por tratar-se de um "rastreador", cujo objetivo é identificar o início de novas tendências e sua posterior confirmação.

Existem diversos tipos de médias como aritmética (ou simples), exponencial, ponderada etc. Apresentaremos, para fins didáticos, a combinação entre a média aritmética como média longa, e a média exponencial, como média curta.

Média aritmética

A média móvel aritmética (MMA) representa o valor médio, normalmente dos preços de fechamento, em um período de tempo calculado através da seguinte fórmula:

$$MMA = \frac{PF_1 + PF_2 + \ldots + PF_n}{n}$$

em que:
MMA: Média Móvel aritmética de n períodos.
PF_1: Preço de Fechamento do primeiro período.
PF_2: Preço de Fechamento do segundo período.
PF_3: Preço de Fechamento do terceiro período.
n: Número de períodos.

Porque média móvel?
A palavra móvel está presente porque, quando uma cotação entra no cálculo, outra cotação sai. Por exemplo: ao usar uma "configuração de 20" em um gráfico diário, o sistema começa a plotar o gráfico a partir do 21º dia. Esse ponto representará a média das cotações de fechamento dos últimos vinte dias. No final do 21º dia, surge uma nova cotação, logo, a cotação do 1º dia é excluída do cálculo e assim a nova média será calculada com as cotações dos preços do 2º ao 21º dia. No final do dia seguinte, a cotação do 22º dia entra no cálculo e a cotação do 2º dia sai, permanecendo o cálculo da média dos últimos 20 dias, e assim sucessivamente. Dessa forma, enquanto a mais recente entra no cálculo, a mais antiga sai e a média "movimenta-se" por meio do gráfico.

Na fórmula do cálculo da Média Móvel Aritmética (MMA), *PF* representa os diferentes Preços de Fechamento, enquanto *n* é a janela de tempo sobre a qual se constrói a média. O parâmetro *n* é muito importante quando se trabalha com médias móveis na análise gráfica, pois é a variável ajustada para se obter melhores resultados. Modificando seu valor, a média irá responder mais rapidamente ou menos rapidamente às variações de preços.

Exemplo de construção e médias móveis:

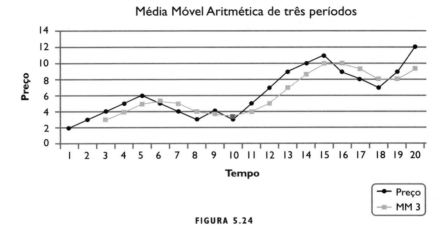

FIGURA 5.24

A Figura 5.25 mostra a configuração de uma média aritmética simples dos últimos 40 períodos plotada sobre o gráfico diário de *candles*. As médias aritméticas ou simples geralmente são configuradas para períodos maiores, de modo que consigam "suavizar" o gráfico.

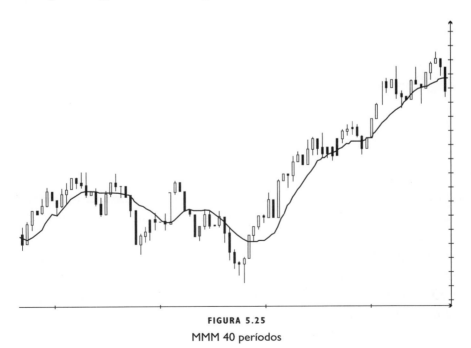

FIGURA 5.25
MMM 40 períodos

Por meio das médias móveis, aritméticas ou simples, é possível detectar matematicamente se o mercado está com tendência de alta ou de baixa. Se o mercado está com tendência de alta, as cotações do mercado são maiores do que a cotação média, logo, estarão posicionadas acima do gráfico das médias móveis simples. Isso acontece devido às cotações mais distantes reduzirem o valor da média, fazendo com que esta "demore" mais para se aproximar das cotações atuais.

Então, quando as médias móveis estão **abaixo** do gráfico de candles, caracteriza-se um mercado de alta, conforme mostra a Figura 5.26.

FIGURA 5.26
Tendência de alta

Se o mercado está com tendência de baixa, as cotações são menores do que a média, logo, estarão posicionadas abaixo do gráfico das médias móveis simples. Nesse caso, as cotações mais distantes aumentam o valor da média.

Logo, quando as médias móveis estão **acima** do gráfico de candles, caracteriza-se mercado de **baixa**, conforme mostra a Figura 5.27.

Quando as médias móveis se "horizontalizam" e os candles se alternam acima e abaixo das médias, o mercado é chamado "em desenvolvimento lateral" ou "mercado de lado" (ver Figura 5.28).

FIGURA 5.27
Tendência de baixa

FIGURA 5.28

Média exponencial

A média exponencial permite que os preços de fechamento sejam acompanhados de perto, porém, proporciona, consequentemente, um número maior de trocas de posição com as cotações do mercado. Esse fato pode favorecer o investidor por um lado, e desfavorecer por outro, tendo em vista que o número de operações será maior, implicando maiores custos operacionais.

A fórmula da Média Móvel Exponencial (MME) é representada pela seguinte equação:

$$MME = Preço \cdot K + MME_{anterior} \cdot (1 - K)$$

em que:
Preço: representa o último preço de fechamento.
$MME_{anterior}$: é o valor anterior da média móvel exponencial.

K: é uma variável dependente do período n na razão $K = \dfrac{2}{n+1}$

Ao contrário da média simples, onde todas as cotações têm o mesmo peso, na exponencial, os dados mais novos possuem peso maior. Os valores mais antigos não são diretamente descartados. Eles mantêm uma participação no valor da média exponencial que vai ficando cada vez menor com o tempo. Quando as MME estão abaixo do gráfico de candles, caracteriza-se mercado de alta. Veja a Figura 5.29.

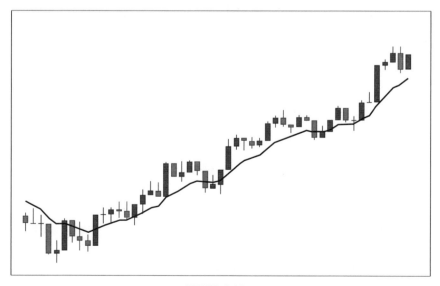

FIGURA 5.29

Quando as MME estão acima do gráfico de candles, caracteriza-se mercado de baixa. Veja a Figura 5.30.

FIGURA 5.30

Seja qual for o tipo de média que se utilize, o que realmente importa é a direção de sua inclinação. Quando sobe, indica otimismo do mercado, com uma possível alta. Quando desce, o inverso é verdadeiro. O único detalhe a se observar é que se o mercado está mais altista do que antes, os preços sobem acima da média móvel e, quando está mais baixista do que antes, os preços caem abaixo da média móvel.

Estratégia com médias móveis

O cruzamento das duas médias irá indicar os pontos de compra e de venda de um ativo.

- **Ponto de compra:** Sempre que a média mais rápida cruzar a média mais lenta para cima.
- **Ponto de venda:** Sempre que a média mais rápida cruzar a média mais lenta para baixo.

Esse cruzamento pode nos indicar o início de uma tendência, que pode se confirmar ou não.

Na prática, o investidor irá comprar determinado ativo quando a Média Móvel Exponencial (MME) cruzar para cima a Média Móvel Aritmética (MMA). Veja a Figura 5.31.

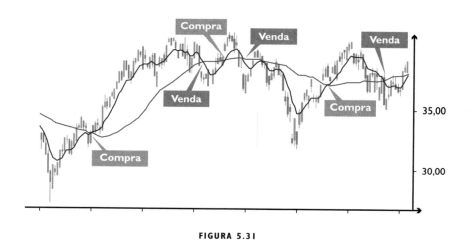

FIGURA 5.31

Quando os preços estiverem acima de uma média histórica, isso revelará que existem investidores dispostos a pagar mais do que o mercado até então dava como justo. A compra nesse ponto é interessante, pois pode se confirmar ali uma tendência de alta.

Da mesma forma, o investidor pode tomar decisões de venda de ativos, ou *stop* de compra, quando a média exponencial cruzar para baixo a média aritmética. Vender nesse cruzamento é uma possível saída do mercado antes de uma tendência de queda.

A Figura 5.32 mostra o gráfico diário das médias móveis do Ibovespa na combinação 40 por 9, ou seja, MMA considerando os últimos 40 dias e MME considerando os últimos 9 dias. O período analisado vai de julho de 2005 a janeiro de 2009.

Analisando numericamente os valores dos cruzamentos, obtém-se uma ideia da eficiência da estratégia. O Quadro 5.5 mostra os valores nos pontos de cruzamento entre as médias, a rentabilidade e o período.

COMO ANALISAR O MERCADO DE AÇÕES

1 – Compra – 27/07/05 – 25.278 pontos
2 – Venda – 20/10/05 – 29.541 pontos
3 – Compra – 03/11/05 – 30.006 pontos
4 – Venda – 19/05/06 – 39.221 pontos
5 – Compra – 19/07/06 – 35.743 pontos
6 – Venda – 08/09/06 – 36.731 pontos
7 – Compra – 04/10/06 – 36.481 pontos
8 – Venda – 02/03/07 – 44.143 pontos
9 – Compra – 22/03/07 – 44.389 pontos
10 – Venda – 01/08/07 – 55.013 pontos
11 – Compra – 06/09/07 – 53.744 pontos
12 – Venda – 22/11/07 – 62.448 pontos
13 – Compra – 15/12/07 – 62.728 pontos
14 – Venda – 17/12/07 – 63.040 pontos
15 – Compra – 14/02/08 – 60.705 pontos
16 – Venda – 19/03/08 – 61.370 pontos
17 – Compra – 03/04/08 – 62.257 pontos
18 – Venda – 12/06/08 – 68.956 pontos
19 – Compra – 08/12/08 – 35.971 pontos

FIGURA 5.32
Série histórica do Ibovespa com médias móveis de 40 por 9

QUADRO 5.5
Cruzamento de Médias Móveis Ibovespa – MMA40/MME9 Julho de 2005 a Janeiro de 2009

COMPRA			VENDA			RESULTADOS	
Operação	Data	Pontuação	Operação	Data	Pontuação	Variação	Período (dias)
1	27/07/05	25.278	2	20/10/05	29.541	17%	85
3	03/11/05	30.006	4	19/05/06	39.221	31%	197
5	19/07/06	35.743	6	08/09/06	36.731	3%	51
7	04/10/06	36.481	8	02/03/07	44.143	21%	149
9	22/03/07	44.389	10	01/08/07	55.013	24%	132
11	06/09/07	53.744	12	22/11/07	62.448	16%	77
13	05/12/07	62.728	14	17/12/07	63.040	0%	12
15	14/02/08	60.705	16	19/03/08	61.370	1%	34
17	03/04/08	62.257	18	12/06/08	68.956	11%	70
19	08/12/08	35.971					

Fica evidente que o investidor disciplinado, que segue a estratégia, consegue, no longo prazo, estar sempre bem posicionado. Quando a tendência de alta se confirma, há possibilidade de ganhos expressivos na compra; quando a tendência de baixa se confirma, ele vende os ativos esperando a inversão de tendência.

Observe pelo Quadro 5.5 que, por exemplo, no dia 3/11/05 (operação 3) a estratégia indica compra, em 30.006 pontos. Seguindo a estratégia, o investidor deve permanecer comprado até o dia 19/05/06 (197 dias), quando é hora de vender, pois há possível reversão de tendência, indicada pelo cruzamento das médias para baixo (operação 4). Durante esse período, constata-se variação de 31%, pois a compra foi dada em 30.006 pontos e a venda em 39.221 pontos. O Quadro 5.5 mostra os momentos de compra e venda, a variação percentual e o período de duração de cada operação.

Perceba no quadro que o último ponto de venda foi em 12/06/08, com Ibovespa em 68.956 pontos. Seguindo a estratégia, o próximo ponto de compra se confirma no dia 8/12/08, praticamente 6 meses depois, em 35.971 pontos. O investidor que segue a estratégia fica "vendido" durante toda a queda, protegendo o seu capital de uma desvalorização de aproximadamente 48%.

O indicador das médias móveis, que é uma das muitas estratégias utilizadas no mercado, foi abordado aqui por se tratar de uma estratégia simples de ser entendida e, sobretudo, simples de ser seguida. No entanto, cabe ao investidor buscar informações a respeito de outras ferramentas que possam, em conjunto, aumentar a probabilidade de ganho. No mercado de ações, o aperfeiçoamento e o estudo continuado são fundamentais para o sucesso.

CAPÍTULO 6

Participando do mercado

O INVESTIDOR QUE GOSTA DE ACOMPANHAR O MOVIMENTO DO mercado, comprar e vender ações, ler notícias e relatórios de empresas e conversar com analistas geralmente participa do mercado de ações de forma direta, ou seja, é ele quem toma a decisão e opta pela opção que lhe parece mais adequada. Isso implica responsabilidade maior quanto à seleção de papéis e quanto ao momento certo de comprá-los ou vendê-los. Por meio da participação direta, o investidor pode operar no mercado à vista, no mercado a termo, no mercado futuro, no mercado de opções e alugar ações. Essas decisões podem ser tomadas com base na análise fundamentalista, na análise técnica ou, ainda, nas análises oferecidas pelas corretoras, que desempenham papel importante no auxílio à busca de informações. No entanto, nada impede que o investidor faça suas aplicações de forma indireta, por meio de fundos ou clubes de ações. Dessa maneira, estará delegando a um profissional, o gestor do fundo ou do clube, a análise, a seleção de papéis e as operações de compra e venda na Bolsa. Cabe ao investidor apenas escolher um fundo ou em clube que tenha a gestão mais adequada para o seu perfil.

MERCADO À VISTA

É o mercado no qual se realizam as operações de compra e venda de ações emitidas pelas empresas abertas e admitidas à negociação na Bovespa, com prazo de liquidação física e financeira fixado nos regulamentos e procedimentos operacionais da Câmara de Liquidação. É a maneira mais "tradicional" de se investir em ações, tanto em operações ditas normais como em operações *day trade*. Nesse tipo de operação, o investidor com dinheiro em caixa compra ações e as recebe em D+3. No Capítulo 3 abordamos os tipos de ações, as formas de negociação, via corretora ou via *home broker*, as liquidações física, financeira e os custos operacionais.

Comprado ou vendido?

O investidor pode estar posicionado de duas maneiras perante o mercado. Ou está "comprado" ou "vendido". Estar comprado significa estar otimista com relação ao comportamento do ativo. Ele compra ações porque acredita que o preço da ação subirá e, consequentemente, ganhará com isso. Estar vendido significa que, naquele momento, está pessimista quanto ao desempenho da ação, portanto, vende pelo preço de mercado e recompra posteriormente quando os preços caírem.

Operações alavancadas

Alavancagem significa obter recursos para investimentos e para realização de operações. No mercado financeiro, a alavancagem é realizada quando o investidor faz investimentos em montantes superiores ao que ele possui, utilizando capital de terceiros.

Imagine que alguém queira comprar R$50 mil em determinada ação e disponha de apenas R$30 mil. Esse investidor tem tanta certeza de que obterá lucro com o papel que pede um "empréstimo" de R$20 mil para cobrir o restante da operação. Se as previsões dele se concretizarem, ao fim de determinado período poderá vender o papel e apurar dinheiro suficiente para pagar o empréstimo e ainda lucrar. Mas, se a ação se desvalorizar, ele terá que conseguir mais dinheiro para cobrir o prejuízo.

Na prática, quem opera alavancado investe mais do que, de fato, possui. É uma operação arriscada, pois só se consegue êxito quando as expectativas efetivamente se confirmam, ou seja, os ganhos obtidos por meio dos investimentos e das aplicações têm de superar os custos do capital obtido. "O investidor deve estar muito bem informado para entrar alavancado em uma posição."

MERCADO A TERMO

A realização de um negócio a termo é semelhante à de um negócio à vista; a diferença é que o investidor poderá operar de forma alavancada. O investidor que compra a termo tem a forte expectativa de alta do papel. Nesse caso, o negócio deve ser realizado quando o mercado indicar alta no curto e médio prazos.

Procedimentos operacionais
O processo de negociação

Como qualquer outro negócio realizado na Bovespa, uma operação a termo necessita de uma sociedade corretora para intermediar. Ela executará a operação, em pregão, por um de seus representantes. Entretanto, não é possível realizar a operação via *home broker* somente pela mesa de operações.

Qualquer ação negociada na Bovespa pode ser objeto de um contrato a termo. Entretanto, as ações de maior liquidez e menor volatilidade são as mais interessantes nesse tipo de operação por demandarem margens de garantia menores.

Custos

Ao realizar uma operação a termo, o aplicador incorre nos seguintes custos:

- **Taxa de corretagem:** Calculada sobre o valor dos negócios executados no pregão e livremente negociada entre o cliente e sua corretora.
- **Emolumentos:** Calculada sobre o valor total do contrato a termo e cobrada de acordo com as tabelas estabelecidas pela Bovespa e pela CBLC.
- **Taxa de juros:** Paga ao financiador por emprestar os recursos financeiros para a realização da compra das ações pelo investidor. É fixada livremente em mercado, em função do prazo do contrato. O investidor deve entrar em contato com a corretora para saber exatamente a taxa do termo para o prazo da operação que deseja.

Prazo

No mercado a termo, o prazo do contrato é preestabelecido. O mínimo são 12 dias úteis e o máximo, 999 dias corridos. De maneira geral, as operações são realizadas em 15, 30, 60 e 90 dias. Cabe salientar que quanto maior o prazo, mais elevado será o custo para o investidor.

A formação do preço

No mercado à vista, o preço considerado na operação é simplesmente aquele no qual o investidor adquiriu suas ações. Já o preço a termo de uma ação resulta no valor do mercado à vista, mais uma parcela correspondente aos juros, calculado da seguinte maneira:

$$P_{TERMO:} : P_{AVISTA} \times (1 + i)$$

em que:

P_{TERMO}: Preço do termo
P_{AVISTA}: Preço à vista
i: Taxa de juros previamente acordada

Suponha uma ação com preço à vista de R$40 em um termo de 30 dias com taxa de juros de 1,10%, o preço de devolução é de R$40,44, ou seja

$$P_{TERMO} = 40 \times (1 + 0{,}015) = R\$40{,}44$$

Eventos (direitos e proventos)

Todos os benefícios que vierem a ser distribuídos pela empresa (bonificações, dividendos e subscrição) são do comprador, portanto os direitos e proventos distribuídos às ações-objeto do contrato a termo pertencem ao comprador e serão recebidos, juntamente com as ações-objeto, na data de liquidação.

Risco e margem de garantia

Como vimos anteriormente, em uma operação a termo, o investidor pode ficar alavancado financeiramente, utilizando recursos de terceiros em seus investimentos. Muitas vezes, sua posição no termo é superior ao total dos ativos que tem em carteira. Por esse motivo, toda operação a termo requer um depósito de garantia na CBLC. O agente de compensação e a corretora, responsáveis pela operação a termo, poderão solicitar de seus clientes o depósito de garantias adicionais àquelas exigidas pela CBLC. Essa garantia é prestada em forma de margem, a qual pode ser em dinheiro ou em títulos que constem da relação específica publicada periodicamente pela Bolsa de Valores.

A CBLC avalia a volatilidade e a liquidez das ações e as condições gerais das empresas emissoras, classificando as ações em diferentes intervalos de margem. Como regra geral, aquelas com maior liquidez e menor volatilidade enquadram-se nos menores intervalos de margem. Sempre que ocorrer a redução no valor de garantia do contrato, em virtude de oscilação na cotação dos títulos depositados com margem e/ou dos títulos-objeto da negociação, será necessário o reforço da garantia inicial.

Para saber o valor da margem necessária para realizar a operação, basta acessar a tabela "Margem de Garantia CBLC". As corretoras costumam cobrar uma margem adicional para minimizar o risco desse tipo de operação. O padrão, no caso de uma ação que necessite de 10%, é a adição de 10% de margem, totalizando 20%.

Quanto maior o intervalo de margem exigido para a realização do termo, menor é a atratividade da operação. No caso de uma ação que necessite de 80% de margem, por exemplo, a quantia exigida não permite um grau de alavancagem muito grande.

Exemplo de operação a termo:[1]

QUADRO 6.1
Mercado a Termo

OPERAÇÃO	COMPRA		MARGEM DE GARANTIA
Ação	ABCD4		R$3.500,00
Preço	R$35,00		25%
Quantidade	400		
Volume financeiro	R$14.000,00		
Juros	R$126,00		1% a.m.
Corretagem	R$95,21	0,5% + 25,21	
Emolumentos	R$4,90	0,035% × R$14.000	
Custo	R$14.226,11		
OPERAÇÃO	VENDA		
Ação	ABCD4		
Preço	R$37,00		Ação valorizou 5,7%
Quantidade	400		
Volume financeiro	R$14.800,00		
Corretagem	R$99,21		
Emolumentos	R$5,18	0,5% + 25,21	
Receita	R$14.695,61	0,035% × R$14.800	
Resultado da operação	R$469,50		Ganho de 13%

---

[1] Valores de abril de 2009.

Note que a ação obteve valorização de 5,7%: de R$35, valor da compra a R$37, valor da venda. No entanto, o ganho bruto da operação foi de 13%,[2] pois o investidor utilizou a margem de garantia de R$3.500 para realizar uma compra de R$14.000. Lucro bruto de R$469,50 sobre um investimento de R$3.500, gerou 13% de retorno.

Registro e liquidação

Toda operação a termo é *registrada* na Bovespa e informada ao sistema de compensação e liquidação da CBLC. Deve ser especificada em D+0 e o comprador deve depositar a garantia da operação dentre os ativos elegíveis pela CBLC. Caso os ativos não sejam depositados em D+0, isso implicará um débito em dinheiro no valor da garantia a ser realizada em D+1.

Vantagens

As principais vantagens desse tipo de operação consistem em permitir ao investidor proteger preços de compra, diversificar riscos, obter recursos e alavancar seus ganhos.

Proteção de preço

Um investidor que espera uma alta nos preços de uma ação ou de um conjunto delas pode comprar a termo, fixando o preço e beneficiando-se da alta da ação. Ele poderá fazer isso porque, embora não conte, no momento, com dinheiro suficiente para a compra do lote desejado, aguarda a entrada de novos recursos dentro do prazo para o qual realizou a operação. Suponha que uma pessoa realiza hoje um negócio no qual irá receber, daqui a 30 dias, uma quantia em dinheiro. Ao analisar o mercado, verifica uma forte expectativa de alta nos preços de determinada ação pois o cenário de curto prazo aponta uma grande probabilidade de alta nos preços. O investidor não dispõe de recursos financeiros para realizar a compra no mercado à vista, então com o objetivo de proteger o preço e de não perder a oportunidade de obter ganhos com a alta da ação o investidor entra em contato com sua corretora e solicita a compra a termo de alguns lotes da ação para um prazo de 30 dias. O valor só será desembolsado após o decorrer de 30 dias, mas as ações são adquiridas no mercado com os preços de hoje.

---

[2] O ganho líquido é obtido após o desconto do Imposto de Renda, assunto abordado no final do capítulo. No caso do mercado a termo, a alíquota de IR é de 15% sobre o ganho de capital.

Diversificação de riscos

Ao realizar uma análise de um grupo de ações, o investidor chega à conclusão de que os preços estão deprimidos e os gráficos apontam uma reversão de tendência. Ele conclui que, no curto prazo, há probabilidade de os preços subirem, porém não há recursos suficientes para comprar todos os papéis desejados. A solução é adquirir as ações a termo, desembolsando apenas a margem de garantia. Outra vantagem é que não concentrará todos os seus recursos em apenas uma ou duas ações. Pode-se perceber que, mesmo em uma operação "especulativa" de prazo mais curto, o investidor pode aplicar o princípio básico da diversificação para reduzir seu risco.

Obtenção de recursos – operação caixa

Suponha o seguinte cenário: Um investidor possui uma carteira de ações que nos últimos meses obteve rendimento expressivo e nada indica que o ritmo de alta diminuirá nas próximas semanas, pois os indicadores econômicos divulgados recentemente apontam expectativa de crescimento da economia brasileira, inflação em ritmo de desaceleração e taxa de juros com tendência à queda.

Diante disso, a manutenção de suas posições compradas é a estratégia mais apropriada. Todavia, surge uma grande oportunidade de comprar um imóvel a um preço de mercado atrativo. No entanto, o vendedor precisa de dinheiro imediato, ou seja, pagamento à vista, para cobrir despesas emergenciais. A questão então é a seguinte: Vale a pena vender parte de suas ações para adquirir o imóvel?

Nesse caso, a melhor alternativa é vender suas ações à vista e imediatamente recomprá-las a termo. Essa operação permitirá a realização de caixa para comprar o imóvel e, ao mesmo tempo, manterá sua posição comprada nas empresas. Geralmente a taxa cobrada para a realização do termo é menor do que um empréstimo bancário. Assim, o investidor não perde o movimento de alta, já que continua comprado no papel e poderá obter ganhos adicionais com a negociação do imóvel.

Alavancagem

A grande maioria das operações a termo é realizada com o objetivo de proporcionar ao investidor uma taxa de retorno maior no caso de elevação dos preços no mercado à vista. Esse tipo de operação é para investidores com perfil agressivo, que estão mais propensos ao risco. Uma compra a termo permite alavancar em até cinco vezes o capital em carteira e/ou recursos financeiros disponíveis em conta. No limite extremo, com uma carteira de R$20 mil, é possível realizar uma operação de volume financeiro equivalente a R$100 mil. Assim, quando a expectativa é confirmada, os ganhos financeiros são elevados; caso o contrário aconteça, as perdas podem ser significativas. É importante não esquecer que quanto maior o risco, maior será o retorno esperado do investimento.

ALUGUEL DE AÇÕES

Há uma tendência natural, por parte dos investidores, a atuar na ponta compradora de ações. De modo geral, acredita-se em estratégias altistas. Mas e quando o mercado entra em tendência de queda? Como agir? Qual é a estratégia a adotar?

Para o investidor bem informado, o mercado oferece constantemente oportunidade de atuação, seja qual for sua tendência, basta conhecer as estratégias corretas para cada ocasião.

O aluguel de ações é uma das operações indicadas para momentos de tendência de queda do mercado. O investidor tem a possibilidade de "operar vendido", ou seja, vende uma ação por determinado preço, espera o preço baixar e depois compra a mesma ação por um preço menor – a diferença entre o preço de venda e o preço de compra será o lucro bruto da operação.

A lógica é invertida! Comprar para vender faz sentido, mas vender uma ação para depois recomprá-la parece impossível, afinal, como vender se não foi comprado?

Assim como alugamos uma casa ou um automóvel, também no mercado acionário existe a possibilidade de utilizar temporariamente a propriedade de outros. Ao alugar um apartamento de sua propriedade, você fecha um contrato por tempo determinado e por um valor definido. Quando o período de aluguel se encerra, você recebe o imóvel de volta. Caso queira vender após o fim do contrato, estará sujeito às condições de mercado.

No mercado acionário, o dono das ações ou "doador" autoriza a transferência temporária de seus papéis para um terceiro e recebe, em troca, um percentual fixo de juros, daí o nome aluguel. Para tanto, precisa procurar uma corretora e comunicá-la sobre o tempo de locação e a rentabilidade que deseja obter.

Em seguida, a corretora coloca as ações no Banco de Títulos[3] da Companhia Brasileira de Liquidação e Custódia e aguarda o interesse do locatário, chamado de "tomador". O locatário pode ser um fundo de investimento, um banco comercial ou um investidor nacional ou estrangeiro.

Exemplo

Um tomador aluga mil ações WXYZ4, acordando com o locatário ou doador uma taxa de 3,64% a.a. paga *pro rata*, na ocasião da devolução. O tomador, de posse das ações, vende toda a quantidade alugada por R$10 cada, obtendo uma receita bruta de R$10 mil. Após o período de quatro meses, confirmou-se a tendência de queda, e as ações sofreram desvalorização de 15%. Nesse momento, o tomador recompra mil ações WXYZ4 pelo preço de R$8,50 cada, desembolsando, pelo pagamento das ações, a quantia de R$8.500.

Há o desembolso também de mais R$120, pagos ao doador pelo aluguel das ações no período de quatro meses, totalizando R$8.620.

Como há um "caixa" de R$10 mil oriundo da venda, o lucro bruto, desconsiderando-se os custos operacionais do tomador será de R$1.380. Veja o Quadro 6.2 com o demonstrativo da operação.

QUADRO 6.2
Aluguel de Ações

OPERAÇÃO	VENDA
Ação	WXYZ4
Preço	R$10,00
Quantidade	1.000
Receita	R$10.000,00
OPERAÇÃO	COMPRA
Ação	WXYZ4
Preço	R$8,50
Quantidade	1.000
Volume financeiro	R$ 8.500,00
Taxa – aluguel (4 meses)	R$120,00
Custo	R$8.620,00
Lucro bruto	R$1.380,00

---

[3] O Banco de Títulos CBLC – BTC é um serviço por meio do qual investidores disponibilizam títulos para empréstimos e os interessados os tomam mediante aporte de garantias. A CBLC atua como contraparte no processo e garante as operações. O acesso ao serviço se dá por meio de um sistema eletrônico, e o tomador paga uma taxa ao doador, acrescida do emolumento da CBLC. A taxa é livremente pactuada entre as partes. Todos os proventos declarados pelo emissor do título pertencem ao proprietário original. Ver www.cblc.com.br.

Procedimentos operacionais

A operação de aluguel é simples e consiste na transferência de ações da carteira do investidor para satisfazer necessidades temporárias de um tomador. O tomador do aluguel ficará com a ação disponível em sua carteira durante todo o período de vigência do contrato. Em contrapartida, o papel alugado deve estar disponível em carteira, para devolução, no dia de encerramento do contrato, ou seja, a recompra do ativo deve ser feita em, no máximo, D-3 do prazo da liquidação contratual. A operação pode ser reversível, na qual o tomador fica apto a finalizar a operação a partir da data de reversão estipulada no contrato, ou não reversível, em que o tomador fica obrigado a manter a posição até o final do prazo. É uma modalidade recente no país, que tem crescido junto com o mercado financeiro brasileiro. Os negócios só podem ser realizados por meio da mesa de operações de uma corretora, respeitando-se as normas do departamento de risco da mesma.

Custos

Os custos operacionais da operação de aluguel são os seguintes:

TAXA DE CORRETAGEM: Calculada sobre o valor dos negócios executados no pregão e livremente negociada entre o cliente e sua corretora.

EMOLUMENTOS: Calculada sobre o valor total do contrato a termo e cobrada de acordo com as tabelas estabelecidas pela Bovespa e pela CBLC.

CUSTO DO ALUGUEL: Equivalente a uma taxa de juros cobrada pelo período em que o tomador fica com a ação. Varia de acordo com o mercado. É paga ao doador normalmente na liquidação do contrato de empréstimo, expressa em base anual e calculada *pro rata*, de acordo com o período definido, que pode variar, a partir de um dia. Algumas corretoras que fazem a intermediação entre os clientes e a CBLC cobram taxas no aluguel de ações, mas não há padronização entre elas. A CBLC, por sua vez, cobra uma taxa de registro do tomador.

Direitos e proventos

Na transação ocorre a transferência, de fato, das ações do doador para o tomador, porém a valorização e os direitos inerentes às ações de subscrição, dividendos e bonificação continuam sendo do doador, à exceção do direito de voto. O tomador recebe as ações e pode utilizá-las da forma que desejar, dentro de determinado prazo pactuado, vendendo, dando em garantia ou mesmo retirando as ações da custódia da Bolsa.

Risco e margem de garantia

Embora ocorra o risco de qualquer variação do papel, a operação de aluguel em si tem risco muito baixo. A CBLC age como reguladora da operação, exigindo garantia para quem toma as ações emprestadas, fazendo o gerenciamento do risco, pois, durante a realização do negócio, o tomador do empréstimo não sabe quem é o doador e vice-versa; só quem conhece as partes envolvidas é a CBLC.

A margem requerida para esse tipo de operação, em geral, é de 100% do valor do aluguel, mais um intervalo de margem determinado pela própria reguladora, que deve estar disponível no ato da operação. O valor das margens é acompanhado diariamente e, caso necessário, deverá ser recomposto na forma e nos prazos estabelecidos. Gira em torno de 5% a 20%, mas pode ser maior, dependendo da ação a ser alugada e do que a CBLC calcular como margem requerida com base nos fatores de risco.

A CBLC aceita, além de moeda corrente nacional, alguns ativos como títulos públicos, ouro ativo financeiro, ações pertencentes à carteira teórica do Índice Bovespa (outras ações admitidas à negociação em Bolsa de Valores são aceitas somente mediante consulta) e títulos privados. A seguir são apresentados com base no exemplo anterior, os custos operacionais e a margem de garantia.

QUADRO 6.3
Aluguel de Ações[4]

OPERAÇÃO	VENDA		MARGEM DE GARANTIA
Ação	WXYZ4		R$2.000,00
Preço	R$10,00		20%
Quantidade	1.000		
Volume financeiro	R$10.000,00		
Corretagem	R$75,21	0,5% + 25,21	
Emolumentos	R$3,50	0,035% × R$10.000	
Receita	R$9.921,29		
OPERAÇÃO	**COMPRA**		
Ação	WXYZ4		
Preço	R$8,50		Ação desvalorizou 15%
Quantidade	1.000		
Volume financeiro	R$8.500,00		
Corretagem	R$67,71	0,5% + 25,21	
Emolumentos	R$2,98	0,035% × R$8.500	
Taxa – aluguel (4 meses)	R$120,00		1,2% no período
Custo	R$8.690,69		
Resultado da operação	R$1.230,60		Ganho de 66%

A operação de aluguel de ações permite ao investidor operar alavancado, conforme mostra o exemplo anterior. Observe que ao movimentar R$10 mil para vender mil ações WXYZ4 foi necessário oferecer como garantia R$2 mil (em moeda de circulação nacional ou em títulos), não esquecendo, é claro, que os R$10 mil da venda ficam retidos e só são liberados quando o negócio for concluído, por meio da devolução das ações alugadas. Nesse caso, o ganho bruto[5] foi de R$1.230,60, correspondendo a 66% de rentabilidade, calculado sobre o valor exigido para margem de garantia de R$2 mil.

---

[4] Valores de abril de 2009.
[5] Sem o desconto do Imposto de Renda. Para operações de aluguel de ações, de 15% sobre o ganho de capital.

Vantagens

Operar vendido ou alugar ações apresenta algumas vantagens tanto para o doador quanto para o tomador.

Para o doador que está de posse das ações, não pretende vendê-las no curto prazo e deseja maximizar o retorno de sua carteira com a taxa recebida pelo empréstimo, esse tipo de operação pode representar uma fonte adicional de receitas, no exemplo de R$120 em quatro meses.

Além de contar com a segurança oferecida pela CBLC, que garante as operações, esse investidor continua recebendo eventuais proventos concedidos pela empresa, como dividendos e lucros, não importando se os títulos estão temporariamente em poder de terceiros.

Para aquele investidor mais participativo que gosta de especular é interessante porque, após fazer o depósito de garantias na CBLC, ele aluga as ações de alguém para vendê-las a determinado preço e posteriormente recomprá-las, por um preço menor obtendo ganho no curto prazo.

MERCADO DE OPÇÕES

Opções são contratos negociados nas Bolsas de Valores que concedem a seu titular o direito de negociar determinado lote de ações com preços e prazos de exercício preestabelecidos em um contrato. A opção de compra (*call*) garante a seu titular o direito de comprar uma ação em data futura por um preço predeterminado. A opção de venda (*put*) garante a seu titular o direito de vender uma ação em data futura por um preço predeterminado. Por esse direito de compra ou venda, o titular de uma opção paga um prêmio, podendo exercê-lo até a data do vencimento ou revendê-lo no mercado.

Esse mercado foi criado com o objetivo básico de oferecer um mecanismo de proteção ao mercado de ações contra possíveis perdas. Uma vez que os preços e retornos dos instrumentos financeiros estão sujeitos a flutuações imprevisíveis, as opções podem ser usadas para adaptar o risco às expectativas e metas do investidor.

Acompanhe a seguinte situação prática:

Um investidor A compra hoje mil ações ABCD4, a um custo de R$30 por ação. Um investidor B oferece, também, hoje, ao investidor A, R$1 por ação, e adquire o direito ou a opção de comprar, daqui a 20 dias, as mil ações do investidor A por R$32. O investidor A aceita a proposta e tem o dever (a obrigação) de vender suas ações no vencimento por R$32, se o investidor B exercer o seu direito.

QUADRO 6.4

DATA	INVESTIDOR A	INVESTIDOR B
Hoje	Comprou mil ações ABCD4 − R$30.000,00	
Hoje	Vendeu mil opções + R$1.000,00	Comprou mil opções − R$1.000,00
No vencimento	Obrigação de vender as mil ações ABCD4 no vencimento + R$32.000,00	Direito de comprar as mil ações ABCD4 no vencimento − R$32.000,00

Após os 20 dias, na data do vencimento, as ações ABCD4 estão sendo negociadas na Bolsa a R$34. Então, o investidor B exerce seu direito: compra as mil ações ABCD4 por R$32 mil e vende na Bolsa de Valores por R$34, obtendo um lucro bruto de R$1 mil. Rentabilidade de 100%! Investiu R$1 mil e ganhou mais R$1 mil. Alavancou o patrimônio! Veja o Quadro 6.5.

QUADRO 6.5

DATA	INVESTIDOR A	INVESTIDOR B
D+0	Comprou mil ações ABCD4 por R$30/ação − R$30.000,00 Vendeu mil opções + R$1.000,00	Comprou mil opções − R$1.000,00
D+20	Vendeu as mil ações ABCD4 por R$32/ação + R$32.000,00	Comprou as mil ações ABCD4 por R$32/ação − R$32.000,00 Vendeu mil ações ABCD4 por R$34/ação + R$34.000,00
	Resultado Bruto da Operação + R$3.000,00 Rentabilidade 10%	Resultado Bruto da Operação + R$1.000,00 Rentabilidade 100%

Observe que o investidor A também ganhou nessa operação, pois vendeu as ações pelo valor acordado de R$32 e obteve resultado operacional de R$3 mil, com rendimento de 10% sobre o valor investido, que foi R$30 mil. É verdade que se tivesse vendido suas ações a mercado, por R$34, alcançaria um lucro bruto maior de R$4 mil, com rentabilidade bruta de 13,33%. Nesse caso, ele "deixou de ganhar" uma quantia maior, mas garantiu 10% de rentabilidade.

Se o cenário fosse outro e, na data do vencimento, as ações ABCD4 estivessem sendo negociadas a R$28, o investidor B não iria exercer seu direito, pois não haveria razão para comprar as ações do investidor A por R$32 se poderia comprá-las a preço de mercado, por R$28. Assim, ele abre mão do direito e perde o prêmio pago de R$1 mil.

QUADRO 6.6

DATA	INVESTIDOR A	INVESTIDOR B
D+0	Comprou mil ações ABCD4 por R$30/ação − R$30.000,00	
	Vendeu mil opções + R$1.000,00	Comprou mil opções − R$1.000,00
D+20	Ficou com as mil ações ABCD4 + R$28.000,00	Não exerceu o direito
	Resultado Bruto da Operação + R$1.000,00 Rentabilidade 3,3%	Resultado Bruto da Operação − R$1.000,00 Rentabilidade − 100%

O investidor B ficou com suas ações neste momento negociadas a R$28, mas ganhou o prêmio de R$1 mil. Sobre o valor investido, obteve rentabilidade de 3,3%. Se vender as ações a mercado, terá protegido o patrimônio, pois o custo operacional fica reduzido com a venda das opções e passa de R$30/ação para R$29/ação.

Esse tipo de operação, na qual o investidor compra a ação e vende a opção de compra, é chamado de financiamento com opções. Por meio do financiamento, é possível calcular a rentabilidade do negócio, no caso de ser exercido, e o risco de proteção, em caso contrário.

O Quadro 6.7 ilustra a situação do investidor A em relação a risco, retorno e proteção.

QUADRO 6.7

INVESTIDOR A	
Compra da ação	– R$30,00
Venda da opção	+ R$1,00
Custo	– R$29,00
Rentabilidade se for exercido	10%
Desvalorização da ação	-6,7%
Proteção	-3,3%

A proteção de –3,3% significa que a ação pode cair até 3,3% (R$29,00) que o investidor A se vendê-la a mercado não terá prejuízo.

A ação, ao cair de R$30 para R$28, desvalorizou 6,7%. No entanto, o investidor A, caso opte por vender a valor de mercado, por R$28, terá prejuízo[6] de 3,45%, e não de 6,7%, pois o custo operacional da ação agora é de R$29 e não de R$30.

O investidor A usou opções para limitar os riscos de oscilação de preço, ou seja, fez uma operação de *hedge*. Os participantes do mercado que utilizam as opções para esse fim são conhecidos como "hedgers".

O investidor B, entretanto, agiu como "especulador", pois esteve disposto a assumir o risco.

As opções podem ser negociadas entre si, antes do vencimento, gerando um mercado extremamente volátil e de alto risco. Há muitas outras estratégias com opções que podem ser montadas, mas não é o foco principal desta obra.

Principais termos utilizados no mercado de opções

PRÊMIO OU PREÇO DA OPÇÃO – Em função dos direitos adquiridos e das obrigações assumidas no lançamento, o titular (comprador) paga e o lançador (vendedor) recebe uma quantia denominada prêmio. O prêmio, ou preço da opção, é negociado entre comprador e lançador, por meio de seus representantes, no pregão da Bolsa.

---

[6] Para fins didáticos, estamos desconsiderando os custos operacionais.

AÇÃO-OBJETO — É a ação sobre a qual a opção é lançada (Petrobras, Vale, Gedau etc.)

VENCIMENTO — As opções, ao contrário das ações, têm um prazo para negociação. O prazo final para negociação é conhecido como data de vencimento ou data de exercício. Essa data corresponde ao prazo final para exercício da opção. Após essa data, as opções não exercidas perdem seu valor. O Quadro 6.8 mostra o código de cada mês de vencimento de uma opção de compra.

QUADRO 6.8
Código Alfabético para o Mês de Vencimento

MÊS DE VENCIMENTO	OPÇÃO DE COMPRA
janeiro	A
fevereiro	B
março	C
abril	D
maio	E
junho	F
julho	G
agosto	H
setembro	I
outubro	J
novembro	K
dezembro	L

SÉRIES DE VENCIMENTO

PREÇO DE EXERCÍCIO ou *STRIKE PRICE* — É o preço pelo qual será exercida a opção. Os preços de exercício das opções são determinados pela Bolsa, segundo critérios por esta estabelecidos.

COMPRADOR E LANÇADOR — Há duas pontas em cada contrato de opção. Em uma delas o investidor assume a posição comprada, ou seja, compra a opção; na outra está o lançador, que assume a posição vendida (isto é, vende ou lança a opção).

O investidor que adquire a opção de compra garante o direito de comprar o ativo até determinada data por certo preço, enquanto o lançador (vendedor) de uma opção de compra recebe o dinheiro do prêmio, mas se compromete a vender a quantidade específica de um ativo até determinada data, pelo preço estabelecido.

Na prática, o comprador da opção de compra toma o risco, já que se o valor da opção não superar o preço do ativo-base na data do vencimento da opção, esta perde seu valor. O lançador, por sua vez, toma uma posição defensiva, ou seja, garante a venda do ativo a determinado preço, e lucra o valor do prêmio da opção caso o preço da ação-base apresente queda.

Código das opções

Assim como as ações, as opções são identificadas através de códigos.

O código das opções é formado pela identificação da empresa, pela data de vencimento e pelo preço de exercício (*strike*). Veja o exemplo a seguir.

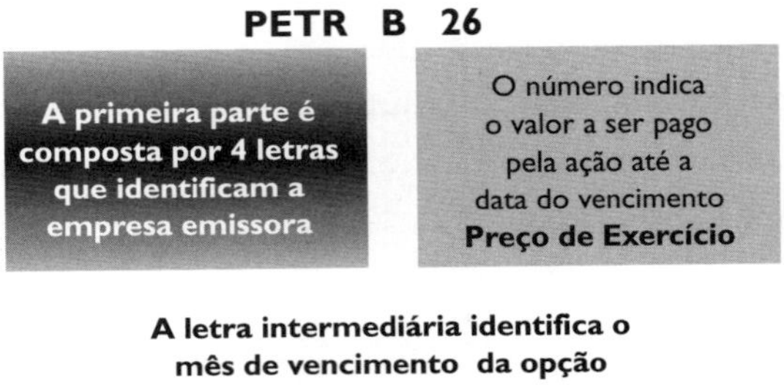

PETR B 26

A primeira parte é composta por 4 letras que identificam a empresa emissora

O número indica o valor a ser pago pela ação até a data do vencimento
Preço de Exercício

A letra intermediária identifica o mês de vencimento da opção

FIGURA 6.1

Exemplo de composição do código de uma opção da Petrobras

PETRB26 é o código de uma opção de compra da Petrobras com vencimento em fevereiro a um preço de exercício de R$ 26,00.

Risco

O investimento em opções é uma aplicação de risco porque permite que o investidor "alavanque" sua posição, aumentando o retorno potencial sobre um investimento sem aumentar o montante do capital investido, já que, geralmente, o capital investido inicialmente para comprar uma opção é relativamente pequeno em comparação com o ganho.

No entanto, quando dois investidores se comprometem em uma operação a ser realizada no futuro, os riscos são evidentes. Um dos investidores pode tentar cancelar a operação ou simplesmente pode não ser capaz de honrá-la financeiramente. Por esse motivo, todo capital aplicado em opções pode ser perdido e o investidor (comprador) deve estar ciente desse risco. Por sua vez, o lançador de uma opção deve ter capacidade financeira para cobrir eventuais prejuízos potencialmente vultosos, bem como dispor de garantias suficientes para atender às exigências de margem.

FUNDOS DE INVESTIMENTO EM AÇÕES

Os fundos de investimento funcionam como uma sociedade de investidores organizados por uma instituição financeira ou por um administrador de recursos. Nessa sociedade, cada investidor entra com o dinheiro que quiser investir, comprando cotas do fundo, e se retira igualmente quando quiser, vendendo essas cotas. É uma comunhão de recursos sob a forma de condomínio, no qual os cotistas têm os mesmos interesses e objetivos ao investir no mercado financeiro e de capitais. Ao comprar cotas de determinado fundo, o cotista está aceitando suas regras de funcionamento e passa a ter os mesmos direitos dos demais cotistas, independentemente da quantidade de cotas que cada um possui.

Quem presta serviço aos fundos de investimento em ações?

FIGURA 6.2

Administrador

Os administradores de fundos são as instituições financeiras responsáveis legais perante os órgãos normativos e reguladores, CVM e Banco Central. Além disso, determinam a política e o regulamento de cada fundo.

A administração do fundo compreende o conjunto de serviços relacionados direta ou indiretamente ao funcionamento e à manutenção do fundo, que podem ser prestados pelo próprio administrador ou por terceiros por este contratados, por escrito, em nome do fundo.

O administrador poderá contratar, em nome do fundo, os seguintes serviços:

- a empresa para realizar a auditoria independente;
- a gestão da carteira do fundo;
- a consultoria de investimento;
- as atividades de tesouraria, de controle e processamento dos títulos e valores mobiliários;
- a distribuição das cotas;
- a escrituração da emissão e resgate de cotas;
- custódia de títulos e valores mobiliários e demais ativos financeiros;
- classificação de risco por agência especializada constituída no país.

Gestor

O gestor é responsável pelas decisões de investimento do fundo segundo a política de investimento determinada em seu regulamento. Sua principal atribuição é escolher as ações que irão compor a carteira do fundo, selecionando aquelas com melhor perspectiva de rentabilidade, dado um determinado nível de risco. Esta pode ser a mesma instituição financeira responsável pela administração do fundo, desde que mantenha diretoria constituída para exercer somente essa atividade.

Existem empresas especializadas que realizam a gestão de seus fundos, conhecidas como *asset managers*, compostas por profissionais especializados que acompanham o mercado, procuram definir os melhores momentos de compra e venda e decidem quais ativos comporão a carteira do fundo.

Custodiante

O serviço de custódia compreende a liquidação física e financeira das ações, sua guarda, bem como a administração e a informação de proventos associados a estas. O serviço não envolve negociação ou qualquer tipo de aconselhamento sobre o investimento. A custódia permite a segregação de funções entre quem toma a decisão de investimento e quem faz a liquidação financeira e a guarda dos ativos, trazendo mais transparência e segurança para o processo.

O custodiante de um fundo de ações recebe os dividendos e a bonificação; exerce também os direitos de subscrição, dentro do prazo estabelecido.

Distribuidor

O distribuidor é responsável por vender as cotas do fundo de investimento aos investidores e pelo cadastramento e pela identificação do cotista. É ele quem se comunica diretamente com o cotista.

O administrador pode ser o próprio distribuidor de fundos, situação comum nos grandes bancos de varejo, ou pode contratar terceiros para esse serviço (uma sociedade corretora ou distribuidora, por exemplo).

Cotista

Se o gestor é responsável pelas decisões de investimento do fundo, ao investidor cabe escolher os fundos de acordo com seus objetivos e expectativas e decidir pela aplicação mais adequada, considerando quando e o que pretende fazer com seus rendimentos.

FIGURA 6.3
Fundo de Ações – FIA

Cabe salientar que o fundo é uma pessoa jurídica que não pertence à administradora ou à gestora de recursos. Todos os ativos que compõem a carteira de investimento do fundo de ações pertencem ao fundo, portanto aos cotistas do fundo. Isso significa que o dinheiro aplicado em um fundo está resguardado de qualquer eventual problema financeiro que a administradora ou a gestora venha a ter. Os lucros e perdas são distribuídos igualmente entre os cotistas, na valorização ou desvalorização da cota.

As demonstrações contábeis do fundo de ações devem ser auditadas anualmente, por auditor independente registrado na CVM, observadas as normas que disciplinam o exercício dessa atividade.

Cálculo da cota

Uma cota é uma fração de um fundo. O valor da cota é resultante da divisão do patrimônio líquido do fundo pelo número de cotas existentes.

$$\text{Valor atualizado da cota} = \frac{\text{Patrimônio}}{\text{Quantidade de Cotas}}$$

O patrimônio líquido é calculado diariamente pela diferença entre o valor dos ativos e das despesas do fundo.

$$\text{Valor atualizado da cota} = \frac{\text{Valor dos ativos} - \text{Despesas do Fundo}}{\text{Quantidade de Cotas}}$$

VALOR DOS ATIVOS: São as ações que compõem a carteira do fundo naquela data.

DESPESAS DO FUNDO: O fundo pagará suas despesas de acordo com o determinado em seu regulamento. O administrador pode cobrar do fundo despesas com impressão, expedição e publicação de relatórios financeiros, envio de correspondências com convocações e comunicados aos cotistas, honorários de auditores independentes, custos de corretagem e despesas com registro e cartório.

Diariamente, todas essas despesas são provisionadas na contabilidade do fundo, portanto, a rentabilidade divulgada, ou seja, o ganho que efetivamente o cotista teve em seu investimento, já é descontado do valor de todas as despesas.

Cálculo da quantidade de cotas

Quando o investidor aplica seu dinheiro no fundo, está comprando determinada quantidade de cotas cujo valor é diariamente apurado. As instituições informam o valor das cotas dos fundos nos principais jornais ou na internet.

Para calcular a quantidade de cotas adquiridas, basta dividir o valor do investimento pelo valor da cota. Veja o exemplo:

Cálculo da rentabilidade

Para verificar quanto o investidor obteve de rendimento, basta calcular a variação da cota do dia da aplicação em relação ao valor da cota atual. Por exemplo:

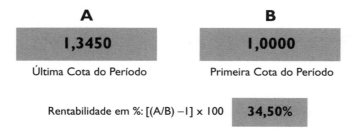

Valor investido

Para apurar o valor atual do investimento, basta multiplicar a quantidade de cotas que ele possui pelo valor da cota no dia.

Em um fundo de ações, o valor da cota se altera diariamente, mas a quantidade de cotas adquiridas é sempre a mesma, exceto se o investidor fizer um resgate ou uma nova aplicação.

Cálculo do valor da cota

Exemplo do cálculo da cota de um fundo de ações:

Patrimônio Líquido: R$1.000.000,00
Quantidade de Cotas: 1.000.000

$$\text{Valor da Cota} = \frac{R\$1.000.000,00}{1.000.000} = R\$1,00$$

Valorização de 10%

Se há valorização da carteira a cota também valoriza!

Patrimônio Líquido: R$1.100.000,00
Quantidade de Cotas: 1.000.000

$$\text{Valor da Cota} = \frac{R\$1.100.000,00}{1.000.000} = R\$1,10$$

Aporte de R$110.000,00

Resgates ou aporte de recursos não afetam o valor da cota!

Patrimônio Líquido: R$1.210.000,00
Quantidade de Cotas: 1.100.000

$$\text{Valor da Cota} = \frac{R\$1.210.000,00}{1.100.000} = R\$1,10$$

Recebimento de dividendos R$121.000,00

Os fundos de ações reinvestem os dividendos, valorizanado a cota!

Patrimônio Líquido: R$1.331.000,00
Quantidade de Cotas: 1.100.000

$$\frac{\text{Valor}}{\text{da Cota}} = \frac{R\$1.331.000,00}{1.100.000} = R\$1,21$$

Taxas e despesas

TAXA DE ADMINISTRAÇÃO: É a taxa geralmente cobrada pelos fundos. É quanto os cotistas devem pagar pela prestação de serviço do gestor, do administrador e das demais instituições presentes na operacionalização diária. A taxa de administração pode variar muito de instituição para instituição e de produto para produto. É um percentual ao ano sobre o patrimônio do fundo.

Nem sempre há uma relação direta entre o valor da taxa de administração e o desempenho do fundo. É necessário verificar o que está incluído no valor cobrado e o mais importante: se a política de investimento do fundo está de acordo com seus objetivos.

> **IMPORTANTE:** quando o administrador divulga a rentabilidade de um fundo, ela já é líquida, descontada da taxa de administração. Para saber qual é a taxa de administração de um fundo, consulte o "prospecto" do fundo.

TAXA DE *PERFORMANCE*: É a taxa cobrada do cotista quando a rentabilidade do fundo supera a de um indicador de referência, conhecido como *benchmark*. Serve para remunerar uma boa gestão. Esse indicador é previamente estabelecido desde a criação do fundo e o cotista tem conhecimento antes mesmo de fazer a aplicação.

A taxa de *performance* é cobrada somente sobre a rentabilidade que ultrapassar o *benchmark* e existe uma periodicidade mínima para sua cobrança. Como nem todo fundo cobra essa taxa, toma-se conhecimento disso ao se consultar o "prospecto".

Se um fundo de ações apresenta taxa de *performance* de 20% sobre o que exceder a variação do Ibovespa, significa que, se a rentabilidade do fundo ultrapassar essa marca, o cotista ficará com 80% do excedente.

Exemplo:

- rendimento do fundo no ano: 30%
- variação do Ibovespa no ano: 20%
- excedente que incidirá à performance: 10%
- taxa de performance ou remuneração "extra" que será paga: 2%

Aplicações e resgates em fundos de ações

Cada fundo define o valor mínimo para a aplicação inicial e para os movimentos adicionais. Os valores exigidos pelas administradoras de recursos de terceiros variam conforme sua política de investimento, composição da carteira e público-alvo. Há fundos bem populares, que aceitam aplicações iniciais a partir de R$100. Os prazos para movimentação dos fundos devem ser divulgados, uma vez que diferem de acordo com o fundo e com a instituição.

Para aplicação, o padrão é considerar as cotas de D+0 ou D+1. É importante notar que a data do pedido de resgate não necessariamente é igual à data em que o dinheiro estará disponível na conta corrente. Os resgates serão efetuados pela cota de fechamento do primeiro dia útil após a solicitação (D+1). O pagamento é efetuado no quarto dia útil após a solicitação (D+4).

Vantagens do fundo de investimento em ações

GESTÃO PROFISSIONAL: Uma das principais razões de se investir em fundos de ações é a comodidade para o investidor, que prefere deixar sob os cuidados de especialistas a gestão de seus recursos. As equipes de gestores acompanham e analisam o mercado diariamente em busca de boas oportunidades de investimento, o que muitas vezes o investidor não tem tempo nem condições de fazer.

GANHOS DE ESCALA: Em virtude do volume de dinheiro que capta, o fundo consegue taxas mais vantajosas do que o pequeno e médio investidores individualmente conseguiriam.

Regulamentação

A cada dia o mercado de fundos vem se modernizando, proporcionando mais informação ao investidor. Vários órgãos reguladores, como CVM e Banco Central, trabalham constantemente para que os investidores tenham acesso a informações transparentes sobre regras de funcionamento dos produtos de investimento, leis, normas, políticas e riscos.

Entidades como a Associação Nacional dos Bancos de Investimento (ANBID), principal representante das instituições financeiras que operam no mercado de capitais brasileiro, possuem códigos de autorregulação em que os próprios participantes do mercado estabelecem normas mais rígidas para regular suas atividades. O objetivo é criar regras de divulgação de informações e de conduta em sua comercialização dos produtos de investimento, visando, dessa forma, dar mais segurança e transparência aos investidores.

CLUBES DE INVESTIMENTO

Clubes de investimento também são condomínios constituídos por pessoas físicas para aplicação de recursos em títulos e valores mobiliários, dentro de regras específicas estabelecidas pela CVM e pela Bovespa. Ainda que seja uma pessoa jurídica, aparece nas estatísticas da Bolsa como negócio de pessoas físicas.

O funcionamento é similar ao dos fundos de investimento. Nos dois casos o aplicador estará juntando seus recursos aos de outros investidores e escolhendo um gestor para cuidar de sua carteira de ações, porém há algumas diferenças estruturais.

QUADRO 6.9

DIFERENÇAS	
FUNDO	**CLUBE**
Aceita aplicadores de pessoas jurídica e física	É exclusivo para pessoas físicas
Não há limite máximo de cotistas	Mínimo 3 cotistas e máximo 150 cotistas
Há obrigatoriedade de patrimônio mínimo	Não há obrigatoriedade de patrimônio mínimo
Há limite mínimo de aplicação	Não há limite mínimo de aplicação
Obrigatoriedade de publicação de balanços	Não há obrigatoriedade de plublicação de balanços
Não pode ser administrado pelos próprios sócios e sim por empresas habilitadas	Pode ser administrado pelos próprios sócios ou por corretoras

Os clubes podem ser criados por empregados ou contratados de uma empresa ou, ainda, por um grupo de pessoas que tenham interesses em comum. A constituição é bastante simples: basta os membros entrarem em contato com uma corretora de valores credenciada pela Bovespa, que irá orientar os investidores na formação e gestão da carteira de investimentos. Posteriormente, deve-se estabelecer um estatuto com as regras básicas de funcionamento do clube, providenciar o CNPJ (Cadastro Nacional de Pessoa Jurídica) na Receita Federal e registrar o clube na Bovespa.

As regras que regerão o clube devem estar em seu estatuto social. O administrador cuidará de todos os documentos e registros legais do clube de investimento, além de ser o responsável pela captação dos ativos que farão parte da carteira do mesmo.

Vantagens dos clubes

Os clubes de investimento apresentam vantagens interessantes para pequenos e médios investidores. Dentre as vantagens dos clubes de investimento sobre os fundos de investimento, podemos destacar:

- Maior influência dos participantes sobre a gestão da carteira, pois, diferentemente dos fundos de investimento, que são totalmente geridos por profissionais designados pelas corretoras de valores, nos clubes de investimento os membros têm atuação ativa na gestão dos recursos.
- Maior flexibilidade para moldar a carteira de investimentos, segundo o perfil dos participantes do clube.
- Taxas de gestão e administração mais baixas, além de custos menores, por conta da estrutura de gestão ser mais enxuta e da inexistência de encargos com auditorias ou fiscalizações da CVM (Comissão de Valores Mobiliários), como acontece com os fundos.

Outras características

O clube de investimentos precisa ter ao menos três e, no máximo, 150 participantes, exceto quando reúne membros de uma mesma empresa ou qualquer grupo de sociedade. Porém, nenhum participante pode ter mais de 40% do total das cotas do clube.

As cotas são mantidas em depósito, em nome de seus compradores, sendo que o próprio clube pode determinar o número mínimo de cotas que cada participante deve comprar. Cada cota representa a divisão do valor do dinheiro do clube pelo número total de cotas.

Apesar do risco inerente das aplicações no mercado acionário, como as atividades do grupo estão sob controle estreito dos participantes do clube, à medida que os recursos administrados aumentam, as aplicações podem ser mais diversificadas e menos arriscadas, o que não aconteceria se a aplicação fosse individual.

Para investidores que simpatizam com a idéia de investir via Clube de Investimento, há corretoras que dispõem de clubes de investimento abertos, que aceitam a entrada de novos participantes.

CAPÍTULO 7

Alíquotas

O LUCRO OBTIDO COM A VENDA DE BENS É CHAMADO DE "ganho de capital" e sobre ele incide Imposto de Renda.

De modo geral, as rendas obtidas em operações realizadas em Bolsa de Valores e de Mercadorias, à exceção do *day trade* (que tem alíquota de 20%), sofrem incidência à alíquota de 15% no momento do resgate.

As operações à vista[1] em ações apresentam vantagem em relação a outros tipos de investimentos por serem isentas de tributação de imposto de renda até o limite de venda mensal de R$20 mil. Na prática, isso significa que, se o investidor vender menos de R$20 mil[2] em ações por mês, não pagará Imposto de Renda sobre o ganho de capital. Veja os exemplos.

---

[1] Operação à vista é a compra ou a venda de determinada quantidade de ações. Quando há o negócio, o comprador realiza o pagamento e o vendedor entrega as ações objeto da transação no terceiro dia útil após a realização do negócio (D+3). As operações *intraday*, bem como as operações com opções e a termo, não contam com o benefício.

[2] É importante salientar que o montante de R$20 mil é o total das vendas no mês, e não o lucro do mês.

QUADRO 7.1
Mercado à Vista

OPERAÇÃO	COMPRA	
Ação	ABCD4	
Preço	R$ 20,00	
Quantidade	1.000	
Volume financeiro	R$20.000,00	
Corretagem	R$125,21	0,5% + 25,21
Emolumentos	R$7,00	0,035% × R$20.000
Custo	R$20.132,21	
OPERAÇÃO	**VENDA**	
Ação	ABCD4	
Preço	R$ 22,00	10,00% de valorização
Quantidade	1.000	
Volume financeiro	R$22.000,00	
Corretagem	R$135,21	0,5% + 25,21
Emolumentos	R$7,70	0,035% × R$22.000
Receita	R$21.857,09	
Resultado da operação	R$1.724,88	
Imposto de renda	R$258,73	15%
Lucro líquido	R$1.466,15	

QUADRO 7.2
Day Trade

OPERAÇÃO	COMPRA	OPERAÇÃO	VENDA
Ação	ABCD4	Ação	ABCD4
Preço	R$23,00	Preço	R$23,90
Quantidade	500	Quantidade	500
Custo	R$11.500,00	Receita	R$11.950,00
Volume financeiro	R$23.450,00		
Corretagem	R$142,46	0,5% + 25,21	
Emolumentos	R$5,86	0,025% × R$23.450,00	
Resultado – *day trade*	R$450,00		
Resultado da operação	R$301,68		
Imposto de renda	R$60,34	20%	
Lucro líquido	R$241,34		

O responsável pelo recolhimento do tributo é o próprio beneficiário, e não a instituição financeira, o investidor deve, todo mês, calcular e recolher o imposto de renda via Darf, até o último dia do mês seguinte à operação.

Além disso, há retenção de imposto de renda na fonte sobre as operações praticadas em Bolsa de Valores, de Mercadorias, de Futuros e assemelhadas, à alíquota de 0,005% sobre os valores brutos recebidos pelos beneficiários nesses mercados. Essa retenção pode ser compensada diretamente pelo investidor, no momento do recolhimento mensal, via Darf. As operações *day trade* também aqui sofrem tributação diferente, com recolhimento de imposto de renda na fonte de 1%.

Em relação aos fundos de investimento em ações, por ocasião do resgate de cotas, há a retenção na fonte de 15% sobre o rendimento obtido. Nesse caso, o responsável pela retenção será o administrador do fundo.

Nas operações de renda variável, o IOF incide à alíquota zero.

A tributação incidente sobre os **juros sobre o capital próprio** é retida exclusivamente na fonte pagadora, à alíquota de 15%, na data do pagamento ou crédito. O Imposto de Renda não pode ser compensado na declaração de ajuste anual, e seu recolhimento compete à fonte pagadora dos proventos.

COMPENSAÇÃO DE PERDAS

Quando há prejuízo em uma operação, as perdas com o Imposto de Renda podem ser compensadas com ganhos futuros dentro do próprio mês, ou em meses subsequentes, dentro da mesma modalidade de operação ou não.

Por exemplo, se em determinado mês houve prejuízo de R$1.500 e nos meses seguintes houve lucro de R$500 e R$2 mil, respectivamente, o investidor irá abater R$500,00 ao final do primeiro mês e R$1 mil no final do segundo mês, e não pagará Imposto de Renda em nenhum dos dois meses. Somente após a compensação e a apuração do resultado do terceiro mês é que o saldo será positivo, havendo, então, a incidência de 15% de Imposto de Renda sobre o resultado líquido de R$1 mil. Veja o Quadro 7.3.

Cada operação deverá ser compensável com operações de mesma natureza, ou seja, as operações *day trade* são compensáveis somente com outras operações *day trade*, as operações a termo são compensáveis somente com outras operações a termo e assim por diante. A compensação deve ser feita no momento do cálculo do Imposto de Renda e ser recolhido sobre os ganhos líquidos apurados dentro do mesmo mês ou em meses futuros.

QUADRO 7.3
Compensação de Perdas

	MÊS 1 (R$)	MÊS 2 (R$)	MÊS 3 (R$)
Resultado líquido do mês	-1.500,00	500,00	2.000,00
Compensação	-	-1.500,00	-1.000,00
Saldo	-	-1.000,00	1.000,00
Imposto de renda a pagar (15%)	-	-	150,00

O fluxograma da Figura 7.1 orienta o investidor a como proceder diante o pagamento do imposto de renda.

A legislação tributária atribui ao próprio investidor a responsabilidade pelo cálculo e pelo recolhimento do Imposto de Renda incidente sobre ganhos com ações. Dessa forma, as informações necessárias ao lançamento das ações na declaração do imposto de renda serão obtidas dos controles do próprio inves-

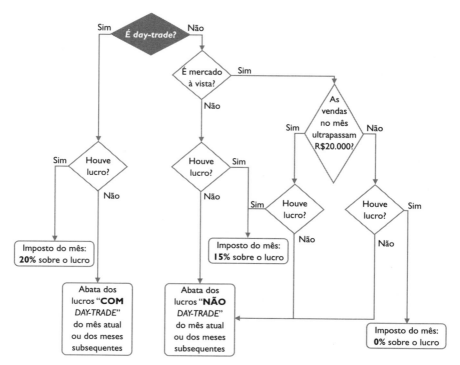

FIGURA 7.1

Fonte: Adaptado de www.myfreecomm.com.br

tidor. Esse controle é alimentado pelas notas de corretagem emitidas pelas corretoras ou pelo extrato mensal enviado pela CBLC.

O site da Bovespa[3] apresenta, de modo resumido, de acordo com o tipo de operação, as informações mais importantes relacionadas a imposto de renda.

Para efeito de declaração do imposto de renda, a posição de ações deverá ser lançada no quadro "Bens e Direitos", empresa a empresa, pela quantidade e pelo respectivo valor de custo (valor inicial da aquisição ou preço médio ponderado quando a posição resultar de compras feitas por preços diferentes). No caso de vendas abaixo de R$20 mil, isentas de imposto de renda, os ganhos devem ser lançados no quadro "Rendimentos Isentos e não Tributáveis".

Os informes relativos aos juros sobre o capital próprio e dividendos são enviados ao endereço do investidor pelas próprias companhias emissoras das ações que realizaram pagamento de proventos durante o exercício. Em muitos casos, esses informes são encaminhados pelos bancos que processam os serviços de acionistas das empresas.

Os juros sobre o capital próprio deverão ser lançados no quadro "Rendimentos Sujeitos à Tributação Exclusiva"; já os dividendos, no quadro "Rendimentos Isentos e não Tributáveis".[4]

Os Quadros 7.4, 7.5, 7.6, e 7.7 mostram de modo sintetizado a forma de incidência da tributação para cada tipo de investimento.

---

[3] www.bovespa.com.br

[4] Informações pesquisadas no site www.investshop.com.br

QUADROS RESUMO
QUADRO 7.4
Resumo IR – Mercado à Vista

Fato Gerador	Auferir ganho líquido na alienação de ações. art. 23, IN 25/01 art. 11, IN 487/04
Base de Cálculo	Resultados positivos entre o valor de alienação do ativo e seu custo de aquisição, calculado pela média ponderada dos custos unitários, auferidos nas operações realizadas em cada mês. No caso de ações recebidas em bonificação, em virtude de incorporação ao capital social da pessoa jurídica de lucros ou reservas, o custo de aquisição é igual à parcela do lucro ou reserva capitalizada que corresponder ao acionista. Na ausência dessa informação, as ações bonificadas terão custo zero. Nas hipóteses de lucros apurados nos anos-calendário de 1994 e 1995, as ações bonificadas terão custo zero. § 3º, art. 23 e art. 25, IN 25/01
Alíquota	15% art. 11, IN 487/04
Regime	Tributação definitiva. item II, art. 33, IN 25/01
Retenção e Recolhimento	Apurado em períodos mensais e pago, pelo investidor, até o último dia útil do mês subsequente. (código Darf 6015) § 4º, art. 23, IN 25/01
Responsabilidade	Do contribuinte. § 4º, art. 23
Compensação	Para fins de apuração e pagamento do imposto mensal sobre os ganhos líquidos, as perdas incorridas poderão ser compensadas com os ganhos líquidos auferidos, no próprio mês ou nos meses subsequentes, em outras operações realizadas nos demais mercados de Bolsa, exceto no caso de perdas em operações *day trade*, que somente serão compensadas com ganhos auferidos em operações da mesma espécie. art. 30, IN 25/01
Isenção	Ficam isentos do imposto os ganhos havidos em vendas mensais iguais ou inferiores a R$20.000,00. item II, art. 9º, IN 487/04
Observações	O disposto nesta seção aplica-se, também, às operações realizadas nas bolsas de valores, mercadorias, futuros e assemelhadas, existentes no País, com BDR, ouro, ativo financeiro e em operações realizadas em mercados de liquidação futura fora de Bolsa, inclusive com opções flexíveis. Admite-se a dedução das despesas incorridas na realização das operações. art. 23, IN 25/01

QUADRO 7.5
Resumo IR – Day Trade

Fato Gerador	Auferir rendimento/ganho líquido.	art. 31, IN 25/01 art. 12, IN 487/04
Base de Cálculo	Resultado positivo apurado no encerramento das operações *day trade*.	§ 1º, item II, art. 31, IN 25/01
Alíquota	Na Fonte: 1% Mensal: 20%	art.12, IN 487/04
Regime	O valor do imposto retido poderá ser: Deduzido do imposto incidente sobre ganhos líquidos apurados no mês; Compensado com o imposto incidente sobre ganhos líquidos apurados nos meses subsequentes se, após a dedução citada anteriormente, houver saldo de imposto retido. Sem prejuízo do disposto nos parágrafos anteriores, o imposto retido na fonte será definitivo.	§§ 7º e 11, art. 31, IN 25/01
Retenção e Recolhimento	Retido na fonte: quando da percepção dos ganhos. Recolhido: 3º dia útil da semana subsequente. (código Darf 8468) Mensal: apurado em períodos mensais e pago até o último dia útil do mês subsequente.	art. 31, IN 25/01
Responsabilidade	Retido na fonte: Operações iniciadas e encerradas por intermédio da mesma instituição: a instituição intermediadora da operação que receber, diretamente, a ordem do cliente. Operações iniciadas por uma instituição e encerradas por outra: empresas de liquidação e custódia. Mensal: do contribuinte.	§ 5º, art. 31, IN 25/01
Compensação	Será admitida a compensação de perdas incorridas em operações *day trade* realizadas no mesmo dia e intermediadas pela mesma instituição, para efeito da apuração da base de cálculo do imposto de renda. As perdas mensais incorridas em operações *day trade* somente poderão ser compensadas com os ganhos auferidos em operações de mesma espécie.	§§ 4º e 9º, art. 31, IN 25/01
Isenção	Não há.	
Observações	Na apuração do resultado da operação *day trade* serão considerados, pela ordem, o primeiro negócio de compra com o primeiro negócio de venda ou o primeiro negócio de venda com o primeiro negócio de compra, sucessivamente.	§ 3º, art. 31, IN 25/01

QUADRO 7.6
Resumo IR – Opções

Fato Gerador	Auferir ganho líquido na negociação/liquidação.	arts. 23 e 37, IN 25/01 art. 11, IN 487/04
Base de Cálculo	Diferença positiva apurada na negociação desses ativos ou no exercício da opção.	art. 27, IN 25/01
Alíquota	15%	art. 11, IN 487/04
Regime	Tributação definitiva.	
Retenção e Recolhimento	Apurado em períodos mensais e pago, pelo investidor, até o último dia útil do mês subsequente (código Darf 6015)	Item II, art. 33, IN 25/01 § 4º, art. 23, IN 25/01
Responsabilidade	Do contribuinte.	§ 4º, art. 23
Compensação	Para fins de apuração e pagamento do imposto mensal sobre os ganhos líquidos, as perdas incorridas poderão ser compensadas com os ganhos líquidos auferidos, no próprio mês ou nos meses subsequentes, em outras operações realizadas nos demais mercados de Bolsa, exceto no caso de perdas em operações *day trade*, que somente serão compensadas com ganhos auferidos em operações da mesma espécie.	art. 30, IN 25/01
Isenção	Não há.	
Observações	O disposto nesta seção aplica-se, também, às operações realizadas nas bolsas de valores, mercadorias, futuros e assemelhadas, existentes no País, com BDR, ouro, ativo financeiro e em operações realizadas em mercados de liquidação futura fora de Bolsa, inclusive com opções flexíveis. Admite-se a dedução das despesas incorridas na realização das operações.	art. 23, IN 25/01

QUADRO 7.7
Resumo IR – Fundos e Clubes de Investimento em Ações (cuja carteira contém mais de 67% em ações negociadas no mercado à vista)

Fato Gerador	Auferir rendimentos no resgate de quotas.	art. 7º, IN 487/04
Base de Cálculo	Diferença positiva entre o valor de resgate e o valor de aquisição da cota.	§ 1º, art. 8º, IN 25/01
Alíquota	15%	art. 7º, IN 487/04
Regime	Tributação definitiva.	item [inciso?] II, art. 33, IN 25/01
Retenção e Recolhimento	Retido na fonte: na data do resgate. Recolhido: 3º dia útil da semana subsequente. (código Darf 6813)	art. 8º, IN 25/01
Responsabilidade pelo Recolhimento	Do administrador do fundo ou clube.	art. 3º, IN 25/01
Compensação	Os prejuízos havidos nos resgates poderão ser compensados com rendimentos auferidos em resgates posteriores, no mesmo ou em outro fundo da mesma natureza, desde que administrado pela mesma pessoa jurídica. A instituição administradora deverá manter sistema de controle e registro em meio magnético que permita a identificação, em relação a cada cotista, dos valores compensáveis.	art. 13, IN 487/04
Isenção	Não há.	
Observações	Serão equiparados às ações, para efeito da composição do limite de 67% em ações, os recibos de subscrição de ações, os certificados de depósitos de ações, os Brazilian Depositary Receipts (BDRs), as cotas dos fundos de ações e as cotas dos fundos de índice de ações negociadas em bolsa de valores ou mercado de balcão organizado. Caso a carteira do fundo ou clube de investimento não atinja o percentual mínimo de 67% em ações negociadas no mercado à vista, aplica-se tributação idêntica aos fundos de renda fixa.	§ 4º, art. 5º, IN 487/04

Referências

Livros

BREALEY, Richard A.; MYERS, Stewart C. *Princípios de finanças empresariais*. 3ª ed. Portugal: McGraw-Hill.
CAVALCANTE, Francisco; MISUMI, Jorge Y.; RUDGE, Luiz Fernando. *Mercado de capitais. O que é, como funciona*. Rio de Janeiro: Campus/Elsevier, 2005.
COPELAND, Thomas; KOLLER; TIM; MURRIN, Jack. *Avaliação de empresas*. São Paulo: Makron Books, 1999.
DAMODARAN, Aswath. *Avaliação de investimentos: ferramentas e técnicas para a determinação do valor de qualquer ativo*. Rio de Janeiro: Qualitymark, 1999.
ELDER, Alexandre. *Como se transformar em um operador e um investidor de sucesso*. Rio de Janeiro: Elsevier, 2004.
FIUZA, Guilherme. *3.000 dias no bunker. Um plano na cabeça e um país na mão*. Rio de Janeiro: Record, 2006.
FORTUNA, Eduardo. *Mercado financeiro: Produtos e serviços*. 14ª ed. Rio de Janeiro: Qualitymark, 2000.
HALFELD, Mauro. *Investimentos*. São Paulo: Fundamentos.
LUQUET, Mara; ROCCO, Nelson. *Guia Valor Econômico de Investimentos em ações*. São Paulo: Globo, 2005.
MACEDO Júnior, Jurandir Sell. *A árvore do dinheiro: Guia para cultivar a sua independência financeira*. Rio de Janeiro: Elsevier, 2007.

NORONHA, Márcio. *Análise técnica: Ferramentas estratégicas*. Rio de Janeiro: Editec, 1995.
PIAZZA, Marcelo C. *Bem-vindo à Bolsa de Valores: Chegou a sua vez de investir em ações*. São Paulo: Novos Mercados, 2007.
PINHEIRO, Juliano. L. *Mercado de Capitais: Fundamentos e técnicas*. 4ª ed. São Paulo: Atlas, 2007.
ROSS, S.A.; WESTERFIELD, R. W.; JAFFE, J. F. *Administração Financeira Corporate Finance*. Tradução Antonio Zoratto Sanvincente. São Paulo: Atlas, 1995.
SANVICENTE, Antônio Zoratto; MELLAGI FILHO, Armando. *Mercado de Capitais e estratégias de investimentos*. São Paulo: Atlas 1996.
SILVA NETO, Lauro de Araújo. *Guia de investimentos*. São Paulo: Atlas, 2003.
SMARRITO, Marcelo. *Desmistificando a Bolsa de Valores: Quem disse que ela não é para você?*. Rio de Janeiro, Elsevier, 2007
TIER, Mark. Investimentos: *Os Segredos de George Soros & Warren Buffett*. 2ª ed. Rio de Janeiro: Campus/Elsevier, 2005.

Jornais e Revistas

REVISTA ESTADÃOINVESTIMENTOS. *A virada dos fundos*. Ano 5. Número 12.
JORNAL ZERO HORA. Dinheiro. *Alugam-se Ações*. 20/jul/2008. Nº 5.
JORNAL ZERO HORA. Dinheiro. *Você investe como Buffett ou Soros?* 7/set/2008. Nº12.
JORNAL ZERO HORA. Dinheiro. *Pense longe* 19/out/2008.

Sites

www.bacen.gov.br
www.bmf.com.br
www.bovespa.com.br
www.cblc.com.br
www.cvm.com.br
www.comoinvestir.com.br
www.educaterra.com.br
www.estadao.com.br
www.exame.com.br
www.folhaonline.com.br
www.fundamentus.com.br
www.gazeta.com.br
www.igf.com.br
www.infomoney.com.br
www.mundotrade.com.br
www.xpi.com.br
www.xpinvestor.com.br
www.wikipedia.com.br

CONHEÇA OUTROS LIVROS DA ALTA BOOKS!

Negócios - Nacionais - Comunicação - Guias de Viagem - Interesse Geral - Informática - Idiomas

Todas as imagens são meramente ilustrativas.

SEJA AUTOR DA ALTA BOOKS!

Envie a sua proposta para: autoria@altabooks.com.br

Visite também nosso site e nossas redes sociais para conhecer lançamentos e futuras publicações!

www.altabooks.com.br

/altabooks • /altabooks • /alta_books

ALTA BOOKS
EDITORA

Este livro foi impresso nas oficinas gráficas da Editora Vozes Ltda.,
Rua Frei Luís, 100 – Petrópolis, RJ.